斎藤一人流

すべてうまくいく そうじ力

舛岡はなゑ

はなゑちゃん、
よく、ほこりじゃ死なない、っていうけど、
死ぬよ。

だからって、「自分の部屋、掃除しな」じゃないんだよ。
いらないモノ、はなゑちゃん、山ほどためてるだろ。
それ全部、捨てな。

捨てなかったら、人生の成功はない、お金も持てない。
命もないと思いな。
脅し程度の話じゃない、一人さん、真剣にいってんの。

「捨てるのは、もったいない」とか、
「モノは粗末にしちゃいけない」とかって。
〝自分〟よりも大切なモノって、この世の一体どこにあるんだよ。

つべこべいってないで、とっとと捨てな、って――。
ちょっとでも捨てだすと、それだけで人生、違ってくるから。

はじめに

いま、書店さんに、お片づけの本がたくさん出ています。

どれも素晴らしい本です。


でも、わたしは、その素晴らしい本を何冊も読んだのに、デキませんでした、お片づけが。

ところが、斎藤一人さんから【一人さん流・開運片づけ術】を聞いてから、なんと！　この、わたしが、お掃除好きになってしまったのです。


この本には、わたしが一人さんから教わったことをできるだけ忠実に書きました。

こんなお片づけの本は、いまだかつてない！　——というぐらい、不思議な話がテンコ盛り♪

なので、不思議嫌いな方には、あまり積極的におススメしません（笑）。

だけど、不思議が苦手なあなたが、この本を手にとったのは、偶然じゃない（笑）。

あなたは天の声を聞いて、必要があって、わたしの本を手にされたのだと思います。

だから、この本はゼッタイにあなたのお役に立つはずです。

もちろん、不思議大好きな方、一人さんファンの方にもお役に立つと、わたしは信じています。

ここからまた、あなたの人生が変わります。

あなたに、すべてのよきことが、雪崩のごとく起きます。

舛岡はなゑ

目次

●はじめに……8
●仏壇ゴチャゴチャ、家庭内もゴチャゴチャ……15
●不穏なムードを察知したネコ……21
●一家全員ワンコまで同じ病気の家……27
●その「嫌な人」のこと、もしかして愛してる？……32
●かさばるだけなら、まだしも……36
●陰の波動に脳がやられて……40

●恐怖のぬいぐるみ……45
●服は山ほどあっても、着て行く服がない！……49
●あなたが豊かになれない原因……53
●みんな知らない〝真犯人〟……59
●見て見ぬフリできぬ、あなたの環境問題……63
●日本に広めたい言葉「貧乏もったいない」……67
●そのお着物、ついてます!! ついてます!!……71
●外と内は表裏一体……74
●ゴミ屋敷が、たった一日でキレイになる理由……79
●迷いは「捨てなさい」のサイン……83

●禁煙成功のひらめき――頭がよくなる〝ゴミの仕分け〟……87
●捨てて心機一転――美顔、健康、うれしいことだらけ……92
●楽しく、楽しく、どこまでも楽しく……97
●義理と人情、ハカリにかけりゃ……102
●贈る側の心――あなたの笑う顔が見たい……106
●シャネルと「捨てる」……109
●「自分が大切」という気づきと、豊かな暮らし……113
●パワーストーンといったって、石には念が……117
●どんなに暗い場所でも、お日さまが出れば明るい……122
●自分が〝なりたい自分〟になるだけです……127

一人さんのお話

●コップ一杯の水とダイヤモンド……135
●「砂漠に行って水がなかったら……」って、おかしい……137
●あのな、「ギャーの法則」っていって……139
●年に一回、草履をはくために……142
●いらないものを捨てだすとお金がたまるんだよ……146
●これから買い物を気をつけるんじゃない。いま、あるものなんだ……151
●いま必要なのはあなたが安らぐ空間と部屋……154
●「いつか使うんじゃないか」って、砂漠の水と同じだよ……157

●信じられなかったら、ヒドイ目に遭ってからでもいいから捨てる（笑）……160
●一カ所、捨てだすだけでスッキリ……163
●「大家さんが汚くして」って、人のことかまっちゃダメ……165

仏壇ゴチャゴチャ、家庭内もゴチャゴチャ

世間から「あの人って〝いい人〟だよね」と評価されている方が大勢います。この本を読んでくださっている方たちも、きっと、そういわれる側の人でしょうね。

〝いい人〟って、しあわせになるための絶対的な条件の一つだ——って、一人さんから教わりました。

でもね。

しあわせと〝いい人〟って、やっぱり、別モノ。

だって、世のなかを見てみると、〝いい人〟が全員しあわせなワケじゃないし。一人さんもよく、こうやっていうんです。

いいかい、はなゑちゃん、よく聞きなよ。
どんな〝いい子〟でも、学校の試験で間違ったこと書けばバツ、そうだろ。
不幸になる人っていうのは、不幸になるようなことばっかしてる。
どんな〝いい人〟でも、不幸になるようなことばかりしてたら、不幸になる、
っていいたいんだよ。

「不幸になるようなこと」って、ホントさまざま、いろいろあります。
そのなかで、すごい重要なのに、もしかすると、いちばん見落とされてる、ないがしろにされてるのが、家のなか。
もう少し具体的にいうと、部屋に余計なモノがゴチャゴチャ置いてある、散らかってる。

たとえば、家のなかでイザコザが起きている方は、ご先祖さまのお住まいであ

る仏壇のなかを要チェックです。

人からいただいた観音さまの置物やお軸を入れたり、お土産でもらった招き猫を入れるとか。あるいはまた、引き出しに貯金通帳をしまってある。

そんなふうに、仏壇のなかをゴチャつかせてません？


この質問をすると、みなさんビックリした顔で、こういいます。

「ウチの仏壇の中身が見えるんですね」って（笑）。

この話は、見えるとか、見えないとか、いう話ではなくて、われらが師匠・一人さんから教わったことなんです。

仏壇のなかがゴチャゴチャしている家は、家庭生活でもゴチャゴチャ、モメごとが起きてる、って。


ちなみに、一人さんはどの宗教にも属さず、宗教家でもないけれど、無類の神さま好き。

そして、霊的な世界に非常に明るい。

通りすがりの、神職についている方が一人さんをひと目見て、いきなり「権現《ごんげん》さま」と呼んじゃう、ということがあるぐらい一人さんは霊的に明るいのです。

その一人さんによれば、「クリスマスやハロウィーンを楽しみ、正月は神社を参拝し、お葬式のときはお寺からお坊さんを呼ぶ」という典型的な日本人家庭の場合、仏壇のなかはお位牌《いはい》だけあればＯＫなんですって。

われこそ典型的日本人と思う方は、どうぞ、観音さまや招き猫とか、入れる必要のないモノを仏壇から取り除いてください。

あとは、やってあげたい人はお水とかお線香（電気でも可）やお花は全然置いてもＯＫです。

はなゑちゃん、これ覚えとくといいよ。

仏壇のなかで誰がいちばんエライ人ですかって、ご先祖さまなの。

自分たちの命つないでくれた、ということで、ご先祖さまはエライんだよ。

それを、仏壇のなかに観音さまや阿弥陀さまだとか、あんまりエライ方を入れちゃダメなの。

だって、自分ちのリビングとかに毎日、総理大臣がずーっといたらさ、息つまっちゃうだろ（笑）。

それと同じなんだよ、仏壇も。

仏壇のなかにエライ人がいたり、ゴチャゴチャさせとくと、ご先祖の気が休まらない。

それと、仏壇にお願いごと、しちゃダメだよ。

「ウチの子を大学に合格させてください」とかって、ご先祖さまはほとんど、大学行ってないいんだから（笑）。それをいうなら、

「息子が大学に行く年まで無事に育ちました、ご先祖さまのおかげです、ありがとうございます」

こういうふうに、ご先祖さまに、いつも感謝している人は、息子が大学に受かろうが落ちようが、結局は、いいほうにいってしまう人なんだよね。

ただし、あなたのお家のおばあちゃんや誰かが、宗教上の問題で観音さまなどを「入れたい」という場合は、相手に合わせてください。

神さまごとやご先祖さまのことで争いごとを起こすのが一番いけません。ゴチャゴチャ、モメないことが大事。

いずれにしろ、ゴチャゴチャはダメですね。

それは、仏壇のなかさえキレイにすればいい、という話ではなくって。一事が万事、仏壇のなかがゴチャゴチャしていれば、家のなかも余計なものでゴチャゴチャしてる。

だから、家もすっきりキレイにしておく必要があるのです。

不穏なムードを察知したネコ

実を申しますと、わたくし舛岡はなゑ、子どものときから片づけが大の苦手。

そして、片づけができない自分を責めたりしたこと、まったくないです。

片づけられない、それが何か？　――そんな感じで生きていました（笑）。

自分でいうのもヘンですが、肯定的な、非常に明るい性格なんでございます。

だから、部屋にホコリがあっても気にしない、というより、ホコリに見えなくて、「おや、こんなところに、ヒツジさんの毛が……」っていう（笑）。

こんなこと書くと、ホコリまみれで生活してたと誤解されそうだなぁ。実はお恥ずかしい話、母がマメに掃除をしてくれてました。

そして、「ホコリじゃ死なない」って、本気でそう思っていた、わたし。

ところが、こんなわたしを改心させた〝衝撃事件〟が、発生したのです。

わたしがオフタイムを過ごす部屋の片隅に、ウチのネコがゼッタイに近寄らない場所がありました。

それは、キーホールダーみたいな小物を入れるカゴを置いてあるところ。

わたしは整理整頓を面倒くさがって、そのカゴに何でもかんでもポコポコ入れて、「はい、片しました！」ということにしていたのですが、あるとき、そのカゴの汚れっぷりに気づいて、

「そろそろ片そう、うん」

と、気合じゅうぶん、顔にはマスク、ビニール手袋をはめた手でホコリだらけの小物を取り出していったところ。

「おや〜？」

カゴのなかはまるで湿地帯、ぬれているではありませんか！

「おかしいな。どうしたんだろう」と思っていたら、出た、出た、水にどっぷりつかったようにビチョ～っとぬれた和紙の包み、こいつが水気の供給源。


その包み、とある神社で買った、お清めの天然塩なんですけど。


みなさんのなかに、今、背筋に悪寒が走った方、いると思います。

わたしも、あのときは、一瞬、引きました（笑）。

それは、部屋の四隅に盛り塩とかをしておくと、その空間に不浄な輩がいなければ塩は溶けないけど、闇の世界の霊とかがいる場合は塩は溶ける——ということを知っていたからです。

当然、お清めの塩が入った和紙の包を捨ててキレイにしたワケですが。

その直後、驚きました。

ウチのネコが遠巻きにして避けてたその場所に、ニャア～ニャア～喜んで近寄っていったのです。

「ごめんね、このホコリっぽいとこに不浄な闇の霊がいて近寄れなかったのね」

と、ウチのニャンコに謝ったと同時に、脳のスイッチが切り替わっちゃった。部屋の汚れ、ゴミが、「あ、あそこ！」「わぁっ、ここもだ！」と、どんどん目についてくる。

もう、部屋をキレイにしたくてしたくて、たまらないのです。

以後、周りから「まるで人が変わった」といわれるほど、マメに部屋の掃除をするようになりました。

あ〜、よかった、よかった、はい、おしまい——といかないのが、この世の常か。

あれは確か、去年の夏。

部屋でくつろいでいたら、な、なんと！　チョロチョロチョロっと、ゴキさまがきて、わたしは、キャーーーーー！

急いで殺虫剤をプシューーっと噴霧。

「ふっ、これで戦いは終わった……あれ？」

辺りを見渡しても、ゴキさまのお姿がなかったのでございます。

わたしは血眼になって、たぶん逝かれたであろうゴキさまを探しました。世の中でいちばんこわいものが、ゴキさまであります。止めを刺したことが確認できないと、こわくてこわくてもう耐えられないのであります。

どこだっ！　どこに行ったんだっ！——部屋じゅうひっくりかえして探すも見当たらず、「あやつ、窓から逃げたな」と。

そうやって必死に「逃げた」「逃げた」と思うようにして、自分で自分の機嫌をとるのだけど、夜、部屋にいると、あのゴキさまのことを思い出し、恐怖のあまり体が小刻みにふるえる――そんな夜を一つ超え、二つ超えしていくうちに仕事が忙しくなり、いつの間にか忘れてしまった。

そして、この前、本棚の整理をしようと奮起して本棚を動かしたんです。動かしたと同時に、目は点、体は固まった。

なぜなら、本棚の裏によからぬ影。

それはそれは、例の、お清めの塩がとけてびちょ〜っ、となってるのを発見したとき以来の衝撃でございました。

あのゴキさまの亡骸がおられた(笑)。

一家全員ワンコまで同じ病気の家

人生は波動――。

一人さんに教わったことでも、「波動」は基本で、いちばん重要な部分です。

人生は、自分の波動はもちろん、いろんなモノの波動に影響されています。家にも波動があって、影響されてるんです。

お部屋に明るい、陽の波動がたまっていれば、そこの家の人はすごくいい人生を送れます。

逆に、ヘンな波動ばかりたまっちゃうと家運はどんどん低迷し、おかしな現象が起きてきます。

昔、わたしの会社に勤めていた女性、仮にA子さんと呼ばせていただきますが、このA子さんの家族全員が、緑内障という、失明の原因となる眼の病気になってしまいました。

いま、「遺伝じゃないの？」と考えた方がいらっしゃると思います。A子さんとお子さんたちだけ緑内障なのであれば、その仮説は成り立つ。でも、旦那さんも緑内障なんですよね。

「じゃあ、家族全員が同じようなものを食べてたから、そうなったんだよ」といっても、その仮説はA子さん家では成立しない。だって。

飼ってた犬まで緑内障なんだもん。

これはもう、A子さんの家の何か、ヘンな波動がこういう現象を引き起こした、としか、考えられない。

そうすると今度、おかしな現象を引き起こす〝ヘンな波動〟はどこから出てるんですか？　という話になってくるのだけれど。

住まいが賃貸の場合は、前に住んでいた人がしょっちゅう、地獄思い――「つらいなぁ」とか、「悲しいな」「くやしい」など、暗い、不快な思い――をしていて、それのヘンな波動、もしくは闇の霊が部屋のなかにたまっていたのかも、ということが考えられます。

お部屋には、前に住んでいた人の波動とか念が残る。しみついてるのです。

そこに移り住んだ人は知らないうちに、その波動とかに左右される。

とくに、つらい思いとか、悲しい、くやしい、ゆるせない、というマイナスの思いがしみついていると、そこに移ってきた人は同じ気持ちになりやすいのです。

ちなみに、余談ですが、わたしや他のまるかんの社長たちは、あらたにマンションやなんかを借りるときは、必ず自分たちで部屋の浄霊をします。

実をいうと、一人さん、および、わたしたち一人さん仲間は、元々、一人さんといっしょにボランティアで浄霊をしてる、そういう師弟関係。

一瞬のうちに恐山をまるごと浄霊できるほど、一人さんの波動はすごい——ということを、わたしたちは二〇数年前に出会った頃から知っていて、一人さんのようにボランティアで浄霊できる人になりたいと思い、「一人さん、弟子にして！」とお願いしたのでありました。

この辺の詳しい話は、いずれまた別の機会に。話を元に戻します。


ヘンな波動が出る、他の要因として、自分がしょっちゅう、地獄思いをしてたり、地獄思いを口から出している。

これは賃貸、持家に限らずよくある、ほぼ全員に当てはまるケースです。

あともう一つ、これも、大半のおウチが当てはまると思います。

家にモノがゴチャゴチャ置いてある。

これでは空気がよどんできて、ゴチャゴチャしたところからヘンな、陰の波動が出て、闇の霊がたまってきます。

だけど、いずれの場合も、自分が蒔いた種で自分で刈りとることができます。

それは意外なことに、めちゃくちゃ簡単です。

とりあえず【一人さん流・開運片づけ術】をやればいい。

そしたら部屋はキレイになる。キレイになれば、「やった！　キレイになった」「サッパリした」と、気分がよくなる。もうホ～ント、気持ちいいんですよ♪

そのときに自分から出ている陽の波動が部屋を浄化する、陰の波動を消し去って、いろんな問題が解決しちゃう。

たとえば、一人さん仲間の裕子ちゃん（まるかんの芦川裕子社長）。

そろそろお部屋を掃除しなくちゃいけないな、掃除しなくちゃと思っていたときに裕子ちゃん、ずっと腰が痛くて痛くてしょうがなかったんです。

ところが、自分の部屋にあるいらないモノを捨てだしたら、その日のうちに痛いのがなくなっちゃって。

だから、裕子ちゃんの腰痛は霊作用であって、それは【一人さん流・開運片づけ術】でもって問題解決ができる、と。


そんなこと、可能なんですか⁉　って、ええ、誰だってできます。

人間は万物の霊長だから誰にでもそれができる、できて当たり前だ――って、師匠の一人さんが教えてくれたし、わたし自身も体験したし、他の人たちがそうなっていく現実も目の当たりにしてきました。

その「嫌な人」のこと、もしかして愛してる？

ずっと前、一人さんと会ってすぐの頃に、一人さんにこんなことをいわれたんです。

「はなゑちゃん、オレの話を聞いたりなんかしてるうちに、世間の人たちのほうが不思議だ、って思えてくるよ」

そのときは、わたし「どういう意味かしら？」と思ったのだけど、あるとき「あぁ、なるほど、そういうことか」って。

世間は、なんとまぁ、不思議に満ちていることか！　と思う自分がいた。

たとえば、【一人さん流・開運片づけ術】というのがあって、それは、簡単にひと言でいうと「いらないモノは捨てる」ということなんですね。

ところが、聞く人によっては、モノを捨てる話となると、なかなか一筋縄ではいかないこともあるようで。

この前も、ある人からこういう相談がありました。

「あんまり思い出したくない方からゆずってもらった品物があるんだけど。その品物がチラっと視界に入るだけで、ゆずってくれた人を思い出しちゃって嫌なの。その人、思い出したくない人で……」

わたし的にというか、一人さん流ではその品物を「捨てる」というのが答え。

だって、その品物を見て思い出したくない人を思い出す。

その品物を置いておいて「それを見るな」「思い出すな」って無理です。捨てるしかない、この人が本当に助かりたい、しあわせになりたいのなら。

ところが、この方がいうには、「結構いいモノで捨てるのはおしい、もったいないわ」と。

一瞬、わたしの頭のなかは？？？でした。

彼女がどうして「もったいない」というのか、それが不思議。

要するに、私の「もったいない」のとらえ方と、彼女のとらえ方が違っていた。

それはどういうことか、というと、わたしは彼女に、こういったんです。

「ちょっと聞いていい？　間違って理解してたらごめんね。あなた、もしかして、その品物をくれた人のこと、愛してるのかな？」と。

だって、その品物を見るたびに、その人のことを思ってる、自分の大切な時間をその人にささげてる。それって、その人のことを愛してるからなのかな、って、一瞬、ちょっとだけ思った。でも、やっぱり、そうじゃない、この相談者は。

「もう、あの人のことを思うとイヤでイヤで、夜も眠れない」

そうやっていうぐらいだから、この相談者は、思い出したくもないぐらいな人に自分の大切な時間をささげてる、ということ。

自分がしあわせになるために神さまがつけてくれた脳を、思い出したくない人のために使ってる。

あぁ、なんで、そんなもったいないことするんだろう——一人さん流が浸透しちゃった、わたしから見たら、それって、すっごく、もったいないことなんです。

という話をしたら、この方はいたく感動され、さっそく、例の品物に「ありがとう」といって捨てました。

かさばるだけなら、まだしも

今はもう使っていないか、もしくは、一度も使ったことがないけど、あれこれ理由をくっつけて、「とっておく」ことにした〝かさばる荷物〟。

あなたの周りに、そういう〝かさばる荷物〟たっくさん、あると思う。

ちなみに、学生時代からの友だちで同じ一人さん仲間の純ちゃん（まるかんの社長をしている、千葉純一さん）は、今より恰幅がよかった頃に買ったベルサーチの紺色のスーツを、買ったときの状態のままずぅーっと持っていました。

そうです、純ちゃんは一度も袖を通していないのです。

買ってから純ちゃんはスリムになってサイズもあわなくなったのに、「ベルサーチだから」「高かったから」という理由で捨てられなかった。

あらヤだ、ケチだわ、純ちゃん、ケ〜チ♪


けど、わたしだって、純ちゃんのことは笑えない、人ごとじゃない。

「この洋服、一度も着たことないから元とってから」

って、ケチな考えを持ってました（笑）。

しかも、「元とって」といいつつも、その後も一度も袖を通さず、最終的にゴミとして処分。だったら、もっと前に処分したらいいじゃん、って（笑）。

だけど、〝かさばる荷物〟って、ちょっとずつでも捨てると気分爽快です。

ケガレた部屋も浄化され、運勢もよくなります。

捨てれば捨てるほどケガレた場がなくなり、運勢がよくなっていきます。

あと、自分のなかに〝かさばる荷物〟がいる、という方いますね。誰かのことを思い出してイヤ〜な気分になったり、「あの人の顔が浮かんで、夜も眠れません」という、心のなかの〝かさばる荷物〟。

わたしが自分で自分のことを本当についてるな、と思うのは、わたしの周辺に嫌いな人は一人もいない、イヤな人が一人もいない。

イヤな人が、わたしの目の前に出てくることはあるんです（笑）。でも、そんなことは笑い話にして、「はい、おしまいね」ってことになる。

ずっと心にもってたり、しません。そんなことしたら、心のなかのガラクタが増えるだけ。

だから、わたしは、イヤな人が出てきても、夜はぐっすり眠れて、相手に対する悪口・文句・怒りなどで心がケガレることもない。

それで、肝心な話はここから。

不思議なんだけど、いらないモノ、いま使っていないモノだとかの〝かさばる荷物〟を捨てだすと、段々、段々、「イヤな人」が自分の周りから減ってくる。

そうそう、「あの人なんて、どうでもいいわ」って、夜もぐっすり、心はクリーンでいられるようになるんです。

それとさ、はなゑちゃん。

自分の魂が別れたがってるのに、常識とかにしばられて、自分は「この人と別れちゃいけないんだ」とか思いこんでる人がいるだろ。

そういう人でも、いらないモノを捨てだすと、すっと相手の人とサヨナラできるようになるの。

陰の波動に脳がやられて……

明治、大正、モノのない時代、日本人はモノを大切にしました。

でも、モノがあふれている現代では、いらないモノをとっておくより、スッキリとした環境で過ごすほうが、心にも体にもとっても最適。


何をいいたいのかというと、今、みなさんの家のなかにあるモノの大半は、いらないモノや使わないモノ。

「まだ使えるから」といって、使いもしないものを、あなた、とっておいていませんか？

わたしは、前に、そういうモノをたっくさん、とってあったの。

そしたら、一人さんがある日、「はなゑちゃん、あのさ」って。そして、このひと言。

そういうの、「貧乏もったいない」っていうんだよ。

それを、ほとんどの人は「モノを大切にしなきゃいけない」といって、ずっと、使いもしないモノをとっておく。その、とっておいたモノに貧乏神がとりつくんです。

そんな、貧乏神にとりつかれるなんて、誰だってイヤでしょう。でも、あなたが想像してる以上のことがあって。

はなゑちゃん、貧乏神って実は浮遊霊だよ。

「キャーーーーーー！」でしょ（笑）。

生活空間がキュウクツになるだけならまだしも、モノをとっておくことで、そこに住む人の〝大切なもの〟や〝かけがえのないもの〟を奪われてしまう。

ホントなんですよ。金運や仕事運、恋愛運、成功運が低迷してくるし、もちろん健康運も、とくに心の健康が損なわれてきます。


ノイローゼの人、うつの人、引きこもりとか、精神的な悩み・問題を抱えた人の部屋は必ずいらないモノがいっぱいあるんだ——って一人さんから教わってるのだけど。

この前も、ある場所で、

「子どもが学校に行かなくなって引きこもりになったんですけど、段々、言動がおかしくなってきちゃったんです」

と、おっしゃる方と出会いました。

その方から詳しく事情をうかがったところ、その子の部屋の隣にある部屋が

「納屋」と呼ばれていて、そこは無駄なモノでギュウギュウ詰めにされている。

そしたら、一人さんがこういったんです。

「その部屋からヘンな波動が出てる。まず、その部屋に詰め込んであるモノ、捨てな――」

なぜ捨てなきゃなんないか、というと、その「納屋」からヘンな波動が出て、悪い霊がその辺にたまってるから。


その悪い霊に脳がやられると、言動がおかしくなってくるんだ、という話を昔、一人さんから聞いたことがあります。


はなゑちゃん、あのさ。

〝うつ〟とか、ノイローゼになる人って、いらないモノが山とあるところから出るヘンな波動、悪い霊に脳がやられちゃってるんだよ。

その結果、最悪のケースじゃ、自殺する人もいるんだよ。
だから、オレがよく、使ってないモノは早く捨てな、家に帰ったらすぐ捨てなっていうのは、そういうことなんだよ。

また別の日、ある場所で一人さんが話をしていたら、聞いていた人たちのなかから、ある人が進み出てきて、こういった。
「わたしの親が死んだとき、いらないモノがハンパなく、すごいあって、ガラクタの山だったんです。業者に頼んだのですが、業者も判断に困るぐらいモノがありすぎる状態でした」

ちなみに、死因は自殺。

恐怖のぬいぐるみ

「はなゑさん、すいません、お片づけのことで聞きたいことがありまして……」

そういう相談が、ここのところ、やけに多い。

つい先だっては知人女性から「子どもの頃からずっと大切にしてきたぬいぐるみ」のことで相談がありました。

通常、ぬいぐるみを処分する場合、ぬいぐるみに「ありがとう」といって袋に入れ、ふつうに、お住まいのある地域のゴミ出しルールにのっとって、ゴミ出しすればいいのだけれど。

だけど、つい先だって相談にのった例の女性のは、うーん、ちょっと。

「ぬいぐるみを手にとって目を見たときに、すごいイヤ～な感じが。言葉じゃないけど、男の人がしゃがれ声で『捨てるのか、おまえ～』といってるようなイヤ～な空気がただよい出てきて、ヤバっ！　と思ったと同時に目をそらして、紙袋に入れたんです」

あらら、モワァンが出ちゃった——とか思いながら、わたしは話を聞いてて。ぬいぐるみを入れたその紙袋は、まだ自室の本棚のうえに置いてあるとかで、
「部屋にいると、つい見ちゃって。そうすると、あの、イヤ～な空気を思い出すから早く捨てたいんだけど、でも、こういうのをゴミの日に出していいのかな？　とも思うんですよ。どうしたらいいです？」

と、彼女はわたしにアドバイスを求めた。

【一人さん流・開運片づけ術】では、捨てるか捨てまいか、迷ったら捨てる。ということになっています。

でも、この女性のぬいぐるみ、ふつうのゴミとして出すのは、やっぱりちょっと。度外れて〝思い〟が、それもマイナスのが、しみついてるかな〜、って。

それで、本人にいろいろ聞いてみたところ、やっぱり、そうでした。

彼女が捨てようと思っているのは、昔おかあさんが買ってくれたぬいぐるみ。彼女は、上京するにあたり、「今日から一人立ちだ」と思ってわざわざ自分の部屋に置いていったのだけど、

「上京して数日後に実家から宅急便が届いて、なかを開けて見たら、母が筆で『忘れ物です』と書いた紙と、ぬいぐるみが出てきました。そのときに、もう逃れられないと思って……」

というワケで、わたしに相談をしてきた時点で、そのぬいぐるみとはもう四〇年近いおつきあい。

四〇年間分の本人の思いが、おかあさんへの思いや、その他いろいろ、「捨てちゃいけない」とかいう誤った観念とかが混然一体となって、ヘンな波動がこの

ぬいぐるみに、た〜っぷり、しみついてる。

それで、ぬいぐるみの顔を見つめたときに例のイヤな空気感、モワァンってというのが出た。


夜も眠れず、うつろな目をした彼女にわたしはいった。

「そのぬいぐるみを入れた袋と、一〇〇〇円ぐらい包んで、それで、自分のお気に入りの神社さんに行ったらいいよ」

「行って、どうするんです？」

「お札入れとかってあるじゃん」

「お焚きあげする古いお札を置いておく、あれのことですか？」

「そこに、ぷっと置いてね。一〇〇〇円ぐらい入れて、お願いします、って。これね、一人さんに教わったの。お気に入りの神社に置いてきな、ってこともそうだけど、神さまはひたすら、あなたがしあわせになることを望んでるんだよ、っていうこともね」

この方はアドバイス通りにぬいぐるみを処分、その後、この方とお会いしたのですが、明るく、すがすがしい顔になってて、「処分に心砕いてる間、気分が重たかったのが、今はちょ～スッキリ♪　これからはぬいぐるみを買ったり、もらったりしても、テキトーな時期に捨てるようにしま～す」だって。

服は山ほどあっても、着て行く服がない！

みっちゃん先生（一人さん仲間で、まるかんの社長さん）の知り合いで、すごい〝いい人〟なんだけど、ちょっと困ってる人がいます。

何に困っているのかというと、たとえば、「どっかに出かけよう」っていうと、その人が必ずいうセリフがある。

「わぁ〜、着ていくモンがない、どうしよう」って。

でも、「着ていくモンがない」って、わたしからしたら、おかしいの。

だって、彼女のお部屋には、値札がついたままの洋服がハンガーにつるしてあったり、通販で買った洋服が段ボールに入ったままの状態で置いてある。

要するに、一回も袖を通していない洋服が山ほどあるのです。

洋服というのは、着てナンボ。着ないのであれば、それは洋服じゃない。ゴミです、ゴミ！

ところが、彼女は、このゴミを捨てる気配すらない。しかも、新しい服を買うから、どんどん、部屋にゴミがたまる一方。

わたしは洋服を買うのを問題視しているのではありません。

買い物で問題視すべきは、お金もないのに借金をしてまで洋服を買い込んでいる場合。それ、亡者《もうじゃ》というヘンな霊にとりつかれてる。

だけど、彼女の場合は自分の収入の範囲内で洋服を買ってるから、それは別にいいのです。

わたしが問題にしているのは、ためてるゴミは着ない洋服だけではなくて、いろんな使わないモノを部屋にためている、ということなんです。

使わないモノを部屋にゴチャゴチャ置いて、〝ケガレた場所〟を自ら作り出して運勢を悪くしてるって、どうなの？　と、わたしは問いたい。

ところが、みっちゃん先生から聞いた話によると、この方、体の具合が悪くなっちゃった。

それが、すっんごい、不思議な現象なんです。

「テレビをのっけてる台の近くに枕を置いて寝ているときに、頭が押さえつけられるように痛くなって、苦しくて眼が覚めちゃう」

彼女がそういうの。

「あなた、もしかして、テレビの周辺に、いらないもの置いてない？」

みっちゃんが質問したら、案の定、見もしないＤＶＤや聴きもしないＣＤをテレビの下にため込んでた。

そこから、よくない波動が出て、悪い霊がたまったりしていたから、その方、具合が悪くなっちゃった。

要するに、その頭痛は霊作用なんだ、っていいたいのです。

「霊作用で頭痛が起きたって、本当ですか？」って、本当です！

だって、いらないＤＶＤやＣＤを処分してキレイにしたら、頭痛が治ってしまったのだから、これは明らかに霊作用。

この方は、その後、他にも山ほどあった不要なモノを一切合切処分しました。

それは、彼女自身が「使いもしないモノをとっておいたがために頭が痛くなったりして、自分は損をしていた」と気づいたからです。

すると、不要なモノをちょっとずつ捨てはじめた時点で、買い物の際に、「これは本当に必要だろうか」と、考えるようになってきて、衝動買い、安物買いをしなくなり、段々、お金もたまってきました。

そうして彼女は今、自分にとって必要なモノ、いいモノに囲まれながら、豊かなひとときを過ごしています。

あなたが豊かになれない原因

ドラマやなんかで、貧しい雰囲気を演出したいとき、どうするか、はなゑちゃん、知ってるかい。

そういうときは家のなかにモノをゴチャゴチャ置く。逆に、裕福な家はモノを置かないの。

現実の世界でも、必要なモノしか置いてないのがお金持の家。そうじゃない家はいろんなモノが置いてあるけど、必要なモノがない。わかるか、はなゑちゃん。


一人さんからこの話を聞いたとき、わたしはまだ親のスネをかじりながら、日本一ヒマな喫茶店をなんとか開けている、という状況でした。

その頃、一人さん直伝の【一人さん流・開運片づけ術】をやりだしたのですが、すごい笑える発見。

わたしの部屋には、いらないモノしかなくて、ホントに必要なモノはゼロだった（笑）。

それを一人さんにいうと、一人さんにこんなことをいわれたんです。

はなゑちゃん、いらないモノばかりで必要なモノがない、そういう家には貧乏神が住んでるんだよ。

「お金を持ちたい」とか、「商売を成功させたい」とか、いろいろ思うのはいいよ、何を思おうが個人の自由だけど。

自分の家を貧乏神の住処にしたままで、その思いを叶えようって、はなゑちゃん、それは無理だよ。

それで、貧乏神とは、貧乏神という神さまじゃないんだ、浮遊霊なんだよ。

この話、信じられない人は、別に無理して信じなくてもいいのだけれど。

でも、「霊はいるんですか、いないんですか?」っていったら、いるんだからしょうがない(笑)。

あなたも、わたしも、生きている人間は全員、肉体を持った霊。だから、銀座なんかに行くと、肉体を持った霊がたくさん歩いていますよね。そして、お墓なんかに行くと、肉体をもたない霊がいっぱいいる、という（笑）。

それで、浮遊霊とは、一人さんいわく、肉体があるときはしっかり生きず、しっかり死なななかった霊。

だから、あなたのように本を読んだりして、しっかり勉強をして、しっかり生きている人にとって、浮遊霊なんていうのは〝たいしたことないヤツ〟なのです。

浮遊霊てのは、はなゑちゃんね。

成仏しないで、霊がその辺に長くいると、段々、段々、その霊は苦しくなってくるんだよ。

だから、浮遊霊は自分と同じマイナス波動を出している、陰の人間にくっつい

て運勢を悪くする。

その人をよくないほうに引っ張っていこうとするの。

ということは、逆をいえば、いつも明るく楽しく前向きで、「どんなときも、しあわせのほうへ向いていよう」という心がまえで生きていれば大丈夫。

そういう人間に浮遊霊はとりつくことはできない。

ただし、ふだんから明るく生きている人間は部屋をキレイにしなくていい、というワケではありません。

一人さんはこうもいうのです。

いいかい、はなゑちゃん。

神社とかお寺でも、ちゃんとキレイにしていないと浮遊霊がたまるんだよ。

浮遊霊がたまっているようなところは空気がどよ〜んとしてて、何となく「ここ、何かおかしいな」って、誰だってわかるよな。

だから、神さまや仏さまがいるようなところでもキレイにしとかなかったら浮遊霊がたまってくるんだよ。

家もそれと同じで、明るい陽の人間がそこの家に住んでいても、余計なものをゴチャゴチャ置いていると、そこからヘンな波動が出て浮遊霊がたまってきます。

家というのは、本来、明日への英気を養う場所。

その家や、あなたの部屋に浮遊霊がたまっちゃったら、本来の〝気〟を養うという機能が十分に発揮できない。

すると、その人の成功も、本当だったら富士山のてっぺんまで行けるはずが、富士山のふもとで足踏みしてるのと同じになっちゃう。

だから、陽の人でも、家のなかをキレイにしとく必要性があるんだ——って、一人さんはいうんです。

みんな知らない〝真犯人〟

学生時代からの友だちで、同じ一人さん仲間の忠夫ちゃん（まるかんの遠藤忠夫社長）という人がいます。

忠夫ちゃんは男の人ではめずらしく、ちゃんと部屋の掃除をしていて、常にキレイ。忠夫ちゃんも「オレの部屋はキレイなんだよ～」といっていたぐらいなんです。

ところが、あるとき、忠夫ちゃんの家からゴミがたくさん出てきた。忠夫ちゃんいわく、「しばらくの間、毎日、段ボールで捨てた」ぐらい、ゴミがあったそうです。

「あの忠夫ちゃんのウチにそんなにゴミが！　へぇ～」って、わたしたち仲間、全員して驚いたのだけど。

いつもキレイに掃除している忠夫ちゃんの家からゴミがたくさん出てきたのは、忠夫ちゃんの〝モノを見る目〟が変わったから。

使ってないモノはゴミだよ――。

一人さんの、この、たったひと言で、今までゴミとして見ていなかったものが実はゴミだった、ということに気づいた。

ところで、あなたの目にはゴミがどう見えているでしょう。

キレイな空間で生活してますか？

あなたが運転している車のなかはゴミでゴチャついていませんか？

これは、忠夫ちゃんが昔、車の営業マンをやっていたときの話です。

ある女性が「カレに新車をプレゼントしたいから」というので、忠夫ちゃんから車を買いました。

そして、その車を納車して一週間。

交通事故で若い女性が死亡——というニュースが流れてきて、忠夫ちゃんは言葉を失った。

亡くなった被害者は、忠夫ちゃんが先週、納車した、その車を買ってくれた女性だったからです。

後日、忠夫ちゃんは事故車を引き取りに警察に行き、警察の人から思いがけないことを教わった。

事故る車には特徴があって、九割がたは余計なモノが置いてあったり、とにかく車の中が汚い。キレイにしている車で事故に遭うってあんまりないんだ——警察官がそういってた、って。


それから、これもホントの話。

たとえば、殺人事件とか、なにかの事件があるとマスコミの人たちが現場に取材に行くじゃないですか。

そしたら、ベテランになってくると、外から見ただけで、どこの家で殺人事件があったとか、どこで事件があったとか、すぐわかるんですって。

そういえば、一人さんも昔いってました。事件の起きた家は、ベランダとかがゴミだらけ、モノがゴチャゴチャ置いてあったり、とにかく汚くしているから、パッと見て、どの家で事件が起きたか、「もう、すぐわかる」って。

じゃあ問題は、なんで汚くしている家に事件が起きるのか、ですよね。


それはね、はなゑちゃん。

ゴミ、汚れから出る陰の波動、そこにたまったおかしな霊が、交通事故や、殺人とかの事件を引き寄せる。

見て見ぬフリできぬ、あなたの環境問題

いま、わたしは、環境問題に非常な関心を寄せています。

CO_2や温暖化、生物多様性、いろいろな問題が議論されておりますが、わたしが気にしてる環境問題は、そんなスケールの大きい話ではございません。

一人さんには、「とん子ねえさん」というお姉さんがいます。とん子ねえさんが生活している環境にたいへんな問題があることが、あるとき発覚しました。

とん子ねえさんのお部屋はパッと見た感じ、きちんと整理整頓されていて、とってもキレイです。

でも実は、押し入れにいろんなものが詰め込んであったそうです。

そうとは知らずに一人さん、とん子ねえさんのお店でこういう話をしてた。

霊とカビはジメジメしたり、ゴチャゴチャした汚いところが好き。使わないモノを押し入れに詰め込んで、なかにモノをゴチャゴチャ置いてあると、そこからヘンな波動が出て、そこにヘンな霊がたまってくる。そうすると人って、その部屋にいる間にエネルギーとられちゃうんだよ。仕事で疲れて帰ってきて、家でエネルギーを奪われてもっと疲れちゃうの。

すると、とん子ねえさんがこういったんですね。

「どうりで……」

とん子ねえさんがいうには、夜、モノをいっぱい詰め込んだ押し入れのある部屋で寝ると、次の日は朝から疲れてて、寝坊しちゃうそうなんです（押し入れをキレイにしてからは、元気にシャキーンと起きてます）。

お姉さんの話を聞いていて、実はここだけの話、ちょっと、わたしの胸はチクっと。

なぜかというと、自分もお姉さんと同じことをしてた（笑）。

わたしの家には、オフタイムを過ごす部屋以外に、お片づけしたつもりになるための部屋が前にありました。

その部屋に、自分が着ない洋服や履かない靴、何でもかんでも無造作にポイポイ突っ込んでおくと、片づけをしたような気になれる。

「よしっ、キレイになった、はなゑ、エライ！」とかいっちゃって（笑）。

いま、笑ったあなた。

あなたも、人のこと笑えないですよね（笑）。

押し入れやなんかにモノを詰め込んで、見て見ぬフリしてますね。

そんな、見ぬフリして逃げようとしたって無理です、無理。あなたの脳が、ゼ

〜ッタイ！　逃してくれない。

だって、隠し場所に目線が行くたびに、「片づけなきゃ〜」とか、脳は思ってる。

「もう、あの押し入れは開けたくない」「見たくない」って、自分を責めるような、心を暗く重くするようなことを脳は思ってる、自分では意識してないけど。


人って、だいたい一日に六万ぐらいの思考をするんですって。

だから、単純計算で、約一・四秒に一つ何か考えてる。「そんなのいちいち知らな〜い」って、自分でも知らないうちに毎瞬、毎瞬、「片づけなきゃ〜」とか、重たくなるようなことを思ってて。

このとき、あなたから出てる波動が、浮遊霊と同じ陰の波動。

だから、あなたは知らず知らずのうちに、自分が陰の波動を出して空気を汚したうえに、浮遊霊を引き寄せてるの。

しかも、見ぬフリしてるモノからも陰の波動が出て、さらに浮遊霊がたまる。

ねぇ、怖いでしょー。


怖かったら使ってないモノは、ただちに捨てる、捨てる、捨てる！

日本に広めたい言葉「貧乏もったいない」

ふだん、わたしたち日本人が何の気なしに使っている「もったいない」。

ヨソの国には、「もったいない」という観念を表す言葉がないそうです。

そしたら、アフリカのある女性が「もったいない」という日本語を知って、いたく感動し、世界に「もったいない」を広める活動をされました。

この方の影響もあってか、日本人も「もったいない」という言葉を復活させなきゃ、みたいな雰囲気もありますけど。

そのアフリカの女性が日本のことをほめてくださったのは、すごくうれしいし、心から「ありがたいことだな」とわたしは思ってます。

ただ、「モノを粗末にしたら、もったいない」は、今の日本の現状に少し合わない。

モノがないアフリカは、モノを大切にしなきゃいけない。でも、今の日本は、昔と違ってモノが余ってるんです。巷にモノはあふれ、家のなかにも使われていないモノが山ほどある。

しかも、外国の人は日本人の家を「ウサギ小屋」というぐらい狭い。日本人はそういう家に住んでいるにもかかわらず、モノを捨てないでいて、これ以上、家を狭くしてどうするの？　みたいな。

倉庫みたいなところで、いらないモノに囲まれて、「豊かな生活を」なんていったって、無理です。

しまいには、「ウチは荷物が多いから、広いウチに引っ越そうかしら……」なんて。それ、余計もったいない、ですから！！！みたいな（笑）。

「わたしは自分が着なくなった服を誰かにあげようと思って、とってあるんです」って、あなたがもう着ないような服は他の人ももう着ませんから、捨ててください。

この前の東北の大震災のとき、被災したウチの取扱店さんやわたしの会社のスタッフたちに洋服とかを送ったら、みんなに喜ばれ感謝されました。でも、うれしいことに、それは最初だけ。

今は、みんな、『しまむら』とかで自分の着たい服を買ってきて着てます。人って、お金出してでも、自分が着たい服を着たいんです。

はなゑちゃん、自分が着なくなった服を人にあげると喜ばれるよな。だけど、

そういうのって、世間では特殊なんだよ。わかるかな。

ほとんどの人って、自分が着なくなっちゃったものは他人《ひと》も着ないの。

だから、着なくなった服は捨てなきゃなんないんだよ。

それで、一人さんのいう「もったいない」って、使わないモノが山ほどあって自分が住んでるとこが狭くなってる、それをオレは「もったいない」っていうんだよ。だから、「捨てろ」って。

「もったいないから、とっとく」じゃなくて、「モノをとっといて、狭くてゴチャゴチャしたところに身を置いて自分の運勢を悪くし、健康まで損ねるのが、もったいない」っていう。

あなたが使ってない、役に立ってないモノで自分の人生おかしくしてるんだ。

必要じゃないモノに囲まれて生きて、命までなくしちゃって。

そうやって、命よりもモノを大事にしているのを、「貧乏もったいない」っていうの。わかるかい。自分で自分の命を粗末にし、自分のなかにいる神を粗末にしてんだよ、って。

そのお着物、ついてます!! ついてます!!

以前、一人さんと仲間たちとで、とある場所に行ったときのことです。

ある男性と知り合ったのですが、この男性、亡くなったおかあさんの着物以外は全部処分したそうなんです。

「その着物、あなたのお姉さんか、妹さんが着るの？」と聞くと、その男性は「ボクら兄弟は全員男です」という。

着る人がいないのに、なぜ残したのかというと、男性いわく「将来ボクらが結婚したときに奥さんが着れるんで」と。

そしたら、一人さんは彼にこういった。

記念にとっておきたいのなら、一つだけにしな。
それ以外は全部、捨てるんだよ。

「奥さんが着れる」と思ってた、その男性はビックリしてたけど、実際、着ません
んね。着物にも流行りすたりがあるから。
長じゅばんにつける半襟だってそう、伊達襟だって今の若い女の子たちはライ
ンストーン、キラキラがついてるほうが「いい」っていうのです。
だから、おかあさんの着物を残したって、着る人はいない。
着なかったら、ちゃんと処分しなきゃ。
じゃなかったら、着物とか洋服って着てあげてないと浮遊霊がついちゃいます
からね。

ただし、着ないモノは何がなんでも全部捨てなきゃいけない、というワケでは

ありません。お着物の一つだけ、残すのはいい。だけど、それ以外は捨てる。そしたら、たまに形見の着物を出してきて、おかあさんのことを思ったり、できるじゃないですか。

もちろん、「ウチは一つも残さなくていい」というのなら、それでいい。着物がなくっても、家族や近しい人たちが集まれば自然と「おかあさんはこういう人だったね」とか、「あのとき、おかあさんは、ああだったね」とかいう話が出てくるものです。

そうやって故人の思い出を語っていると、自分たちも楽しいし、亡くなったおかあさんもすごく喜ぶ。

はなゑちゃん、オレはこう思ってるんだよ。

思い出って心のなかに残すもので、モノで残すようなもんじゃない、って。

それで、たくさんの着物を残して亡くなった、おかあさんって、いたじゃん。

あの、おかあさん、「誰かに着物を着てもらいたい」とか望んでない。

霊って、そういうもんじゃないいんだよ。

たまに、自分のことを思い出して「いいおかあさんだったね」っていってあげると喜ぶの。

だけど、いちばん喜ぶのは、家族がしあわせでいること。

亡くなった人のモノを残すことで残された家族の運勢が悪くなってまで、「わたしが生前大事にしてたコレ、とっといて欲しい」とは思わないんだよ。

わが子だったら、なおさらそう。親って、わが子のしあわせを願わずにはいられないもんだからな。

外と内は表裏一体

この前、知り合いの女性から電話がかかってきて、「はなゑさん、ちょっといい？」って。

その方は、一、二ヵ月前だったかにお父さんを亡くしたり、いろいろ悩みを抱えてた。なかでも重たい問題は、

「ウチの息子がさ……」

「息子」といっても、もう四〇、立派な大人なんですけどね。

女性の話によると、息子さんは離婚してから実家で生活してて、仕事もしていたのだけど、最近になって突然、

「自分の家を建てたいから、援助してくれ」

といってきたんだそうです。


「そんなことといわれたって、もう、ねぇ」

ため息をつく女性。

わたしは「うん、わかる、わかるよ」といって話を聞いていた。ホントに、そ

の人の家は、いろんなことでゴタゴタしていたんです。

「最近は毎日ね、朝起きて、何しよう、って思うんだけど、何していいか、わかんなくって……」

と、ぼやく彼女に、わたしはこういいました。

「あなたのおウチのなかさ、今、グチャグチャでしょ」

そしたら、その女性は「えっ!」って。

「まったくその通りよ。はなゑさん、なんでわかるの?」


これは、不思議でも何でもなくて、そういう法則があるんです。

頭のなかがゴチャゴチャして整理されていない人は、家のなかもゴチャゴチャで整理されてない——という法則がある。

もちろん、これも、昔、一人さんから教わったことなんですけど。

彼女には、一人さん直伝の【一人さん流・開運片づけ術】を伝えて、それから、こういう話もしたんです。

「息子さんにとって、いちばんいいことは、家を建ててあげることではなくて、経済を学ばせることだよ」って。

「経済を学ばせる」って、息子さんが実家を出て、自分で自分を食べさせて、お金の管理も自分でやったり、自立して生活を営んでいく。

そのなかで、たいへんなこともあるかもしれないけど、そのたいへんな経験を通して息子さんはお金や仕事の大切さだとかを学び、成長して行く。

それを、親が下手に手を貸すと息子さんは学べなくなっちゃうからね——という話をしたら、相談者の女性が「確かにそうね」って。

それで、電話を切りました。

最近、その女性と電話で話したのですが、あの後、女性はすぐ、【一人さん流・開運片づけ術】を開始。

「今までホントに、ゴミと生活してた、みたいなもんだから、一部屋につき、毎日五～六時間お片づけを五日やって。それで一部屋片づくんだけど。でもね、片づけはじめて初日、亡くなった父がずっとそばにいて、わたしを励ましてくれてる感じがして、うれしくて涙が止まらなかったの」

そうやって、女性はいっていました。

そして、翌日からは、もう涙とはサヨナラして、ふつうに片づけをやり続けて毎日五時間もお片づけ。それって、体力的にたいへんじゃないかと思うじゃないですか。

「それが、まったく疲れないのよ～。すっごく気分がよくって、楽しいの♪いらないモノを捨てだしたら、ウチの旦那さんが、すごくやさしくなったのよ。それに、自分でもモノを捨てだして、手伝ってくれるの。

今までだったら考えられないわ」

って、明るい声でいってました。

ゴミ屋敷が、たった一日でキレイになる理由

自分が昔そうだったからよくわかるんですけど。

片づけができない人って、片づけ方を知らなくて片づけられない、じゃなくて、そもそも片づける気がない（笑）。

その気がないぐらい、部屋のなかがゴチャゴチャしてる。

だから一人さんはこういうんです。

「片づけようと思うな、掃除しようと思うな。捨てろ」って。


だってさ、はなゑちゃん、ゴミ屋敷ってあるじゃん。

業者さんに「このウチにあるもの、ぜんぶ、捨てちゃってください」って頼む

と、一日でゴミ屋敷がキレイになっちゃうんだよね。

だから、捨てちゃえば、早く片づけられるんだよ。

でも、片づけができない人って、「捨てる」をやろうとしても、なかなか捨てられない。あなたもそうでしょ。

その原因は、「これ、壊れてない。まだ使えるから、とっておこう」って。

片づけられない人の特徴は、「これは使えるか、使えないか」を考えながら、「これは捨てるモノ、これはとっておこう」というふうにモノを仕分ける。

この仕分け方が捨てられない、片づかない原因なんです。

だって、「壊れてないからまだ使える」という視点でモノをながめたら、縄文土器だってまだ使えるんです（笑）。

Tシャツだって、エリのところが伸びてヨレヨレになっても、「部屋着としてなら、まだ使えるかな」と思ったら、まだ着れる。

そうすると、「あれもまだ使える」「これも、それも使えるじゃん」ということになって、結局、何も捨てられない。

だから、いつまでたっても部屋が片づかないのです。


片づかないうえに、片づけられない自分を責めて落ち込んだりしちゃったら、片づいてない部屋の陰の波動と、自分が落ち込んで陰の波動を出すのとで、ダブルでマイナス。

その意味で、「使えるか、使えないか」という判断基準は大間違い！

いま使ってるか、使ってないか——これを判断基準にするのが正解です。

そして、使っていないモノは捨てる、というのが【一人さん流・開運片づけ術】の大原則。

「まだ使えるモノを捨てちゃって、ホントにいいの？」って、いいんです。
わたしも昔、最初の頃はそう思って、とっておいたの。だけど、とっておいた
モノで、その後、日常的に使うようになったモノって、一個もなかった。
冷静になって、よく周りを見てみてください。
毎朝、縄文土器で納豆ご飯を食べて出勤してます、って、そんな人、現実にい
るワケないじゃない、ねぇ。あなただって、会ったことないでしょ。
ジーパンだと、ヴィンテージ・ジーンズとかいう、何十年も前に作られたジー
パンの骨とう品みたいのを、はいてる人はいるけど。
だけど、博物館でもない、骨とう品屋さんでもない、一般の家に、縄文土器の
ような文化財とか骨とう品の類は存在しない。
ハッキリいって、今現在、使ってないモノはゴミです、ゴミ。

いや、もしかすると、ゴミ以下かも。

だって、捨てないでずっととっておくと、人間関係でモメたり、どこも悪いとこないのに頭が痛くなったり、事故にあったり、病気になったり、どんどん運勢が悪くなってくるんだから。

もしかして、どうしても捨てられない、っていう人は「捨てるな〜〜〜」って浮遊霊にあやつられてるのかも……。

キャー、コワ〜い。

迷いは「捨てなさい」のサイン

本屋さんに行くと、そのときの自分に必要な本が、それだけボコっと浮き上がって見える。もしくは、無意識のうちに、その本を手にとる。

それから、品物を手にしたとき、それが自分にとって本当に必要なモノであれば、ワクワクします。

何をいいたいのかというと、人間は、自分にとって必要なモノがわかる。とっておくべきモノは瞬時にわかるんです。


ところが現実には、「これは捨てようか、どうしようか」と迷っちゃう人が結構、いらっしゃる。これも、片づけができない人の特徴の一つです。

でも、【一人さん流・開運片づけ術】だったら、迷いは一切なし!

なぜかというと、迷ったモノは捨てる、というのがルールなんです。だから迷いようがない、捨てなきゃいけないからね。

そうやってどんどんモノを捨てていっても、どういうわけか「あのとき捨てなきゃよかった」と後悔した人がいない。

わたしが知っている範囲では、捨てた人はみんな、「爽やかさが心に残る」といっています。

とくに、片づけが苦手な人、捨てられない人は、「あのとき、自分はアレを捨てることができた」という達成感で、すっごい気持ちいい～♪

「でも、はなゑさん、人生にはマサカがつきもの、〝万が一〟ってことがあるじゃないですか」って。

確率が一万分の一なら、「ない」と同じでしょ、って（笑）。

現に、わたしがはじめて【一人さん流・開運片づけ術】をやったとき、〝万が一〟を思って、とっておいたモノはその後も使わなかった。

本だって、一度読んだ本をもう一回読む、なんて、よほど大切な本でもない限り、ありえない。ふつうは、二度も読まない。

あなた自身、今までそうじゃなかったですか？

それが、いままで一度も使ってないモノなら、なおさら、使う可能性は限りなくゼロに近い。


でも、まぁ千歩譲って、〝万が一〟のことが起きたと、しましょうか。

そしたら、そのときは、また新しいのを買えばいいだけ。

「また買うなんて、お金がかかるじゃない」って、逆です、逆。

とっておくほうがお金がかかります。

洋服だったら防虫剤とか湿気取りとか、そういうのを季節ごとに買い替えしなきゃいけないでしょ。

本だって増えてきて本棚とか買い足したりしてると、その分のお金がかかる。

保管する場所を借りたら、もっと費用がかさみますよね。

で、問題は、そこまでやったって使わないの（笑）。

だから、結局は無駄にお金を使ってる、という。

第一、今はモノの値段がどんどん下がってる。必要なときに、あらためて買ったほうがゼッタイお得！　それが正解。

禁煙成功のひらめき——頭がよくなる〝ゴミの仕分け〟

ひらめきは神の領域——。

ひらめきって、ふつうの人は何もしないでただ待っていても、いいアイディアは何もひらめかない。やっぱり、ひらめきスルドい人になりたかったら何かをやらなきゃ、なんですけど。

スーパーでいらなくなった段ボール箱をもらってくるとか、何でもいいから、箱を四つ、用意してください。

一つは、使うモノ、ワクワクするモノを入れる箱。

それから、いらないモノ、つまり、一度も使ってないモノ、または使わなくなったモノを入れる箱。

三つ目は、人にあげるモノを入れる箱。

最後の四つ目は、どうしても迷うモノを入れる箱。


こんな箱を用意して何するの？　って、ゴミの仕分けみたいなものだと思ってください。

家のなかにあるモノは、この四つに分類されます。

この分類にしたがって、家にあるモノを瞬時にパッパと仕分けていく。

迷うモノを入れる箱に入れたモノは、後でまたあらためて「これはいる」「これはいらない」と、例の四分類に分けていきます。そこで、また迷ったモノは、またあらためて四分類に分けていく。

これを繰り返していると、最初、自分は迷ったモノが、最終的にいらないモノを入れる箱に入ってきて「一人さんのいう通り、迷ったモノは捨てていいんだな」ということがわかります。

また、そうやって【一人さん流・開運片づけ術】を続けて行くうちに、いろんな判断ができるようになる、パッ、パッとひらめくんです。

家にあるモノに対して「これはいる」「いらない」の判断は、いわずもがな。自分の人生において何を切り捨て、何を大切にすべきかの判断ができるようになるんです。

たとえば、ついてる神社（現在「一人さんファンの集まるお店」）で一人さんの教えを学んでいる、一人さんの愛弟子さんに、Mさんという人がいます。

Mさんはタバコを一日二箱吸うほどのヘビースモーカーでした。周りから「タバコは毒だから、やめたほうがいい」といわれ、Mさん本人も若返りのために「やめたい」と思って、本数は段々、減らせたんですよ。

一日二箱だったのが、一箱になり、一五本、一〇本と。でも、そこから先に行けなかった。

ところが、ついてる神社で【一人さん流・開運片づけ術】を学び、さっそくやりはじめたら、Mさんはふと思ったそうです。

「そうだ、灰皿捨てよう。まず捨てなきゃいけないのは、これだ」

そして、灰皿を捨てたMさんはその日から、「今日一日だけ、タバコを吸わないで過ごす」という断煙を開始。

「灰皿を捨てようと思わなかったら、断煙はやってない、思いもつかなかった」

そう語るMさんは、いまも断煙を続けています。

こんなふうに、段々、段々、いろんなことが、「この人たちとはつながっていこう」とか、「こういう人と縁を結ばないでおこう」とかが、ひらめき的にパっとわかるようになってきます。

だから、わたし、お子さんのいる人とかによく、こうやっていうんです。

「子どもの分まで、お片づけ、やってあげちゃいけないよ」

やってあげちゃうと、本来もっているひらめきの才能、感覚がにぶっちゃうから。ひらめきスルドい人になって欲しかったら、自分でやったほうがいい。

これは、大人にも同じことがいえます。

旦那さんとかに成功のひらめきがきて欲しかったら、旦那さんが自分で自分の部屋とかを片づけるようにならなきゃ、なのです。

捨て心機一転――美顔、健康、うれしいことだらけ

「心臓が苦しい」とか「胸が苦しい」という人がいるだろ、はなゑちゃん。こういう人に、「いらないモノ、周りにないかい？」って聞くと、たっくさん、ある。

ところが、それを捨てだすと、苦しいのがなくなるんだよ。

ホントに不思議なんですけど、【一人さん流・開運片づけ術】をやりだすと、うれしいことが続々と起きます。

たとえば、わたしの場合、昔から本が大好きで、ベッドサイドに読み終わった本を何冊も置きっぱなしにしてました。

そのときは、頭が痛かったのですが、本を捨てたら治っちゃった。

それから、わたし、ひざが痛かったときがありました。その頃は、たまたま出張がずぅーっと続いていて、部屋の足元のほうが散らかってた。床に読み終わった雑誌が何冊も置いてあったりとか。

ところが、部屋の足元を散らかしてるモノを捨てたら、ひざの痛いのが治っちゃったんです。

それと、営業マンや接客、おつきあい等々で人と接している男性、それから、女性に〝耳よりな話〟です。

お顔がより魅力的になる、美肌効果があるんです。

顔のつくりは前と全然変わらないのに、不思議と、周りから「美しいお顔ですね」とか、「またキレイになったよね」とかいわれる。

いらないモノを捨てた分は、確実に、顔が美しくなっていきます。

こんな不思議なことが、どうして【一人さん流・開運片づけ術】で顔が美しくなるんですか?

これは、地獄言葉ばっかり口にしてたり思ってた人が、天国言葉を口グセにするようになったときと同じ現象なんです。

ちなみに、地獄言葉とは、それを思ったり、口にしている自分も、周りにいる人も気持ちが暗く重くなる言葉。不幸を呼び寄せるマイナスの言葉です。

具体例を挙げると、次のような言葉になります。

・恐れている
・ついてない
・不平不満
・グチ・泣きごと
・悪口・文句

・心配ごと
・ゆるせない

この地獄言葉の波動は、浮遊霊と同じ陰の波動です。

そうすると、「あの人とわたしは波長があってて仲よしなのよ」ということがありますね。

それと同じで、地獄言葉をいったり思ったりしている人と浮遊霊は仲よし、くっつく。

つかれた人の顔からは暗い、黒っぽい波動が出るので顔がくすんで見えます。

一方の天国言葉は、肯定的で前向き、自分も周りの人も気持ちが明るく楽しくなる、プラスの言葉。

こちらは、浮遊霊の陰、地獄言葉の陰に対して、陽の波動です。陽、すなわち光は陰を消す。

・愛してます
・ついてる
・うれしい
・楽しい
・感謝してます
・しあわせ
・ありがとう
・ゆるします

この言葉を口にしたり思ったりしていると、顔から白い光が出て、顔が透明感のある白い肌に見える。

この天国言葉と同じ作用が、【一人さん流・開運片づけ術】でも得られる。

ということは、両方やれば効果倍増、やらなきゃ損、損♪

楽しく、楽しく、どこまでも楽しく

一人さんという人は、霊的なこともできるし、心のしあわせのなり方、経済でも政治でも何でもよく知っていて、何でもできちゃう。
そんな一人さんから、ホントにいろんなことを教わったのだけど、何を教わっても、一人さんが常にわたしたちにいうことはコレ。

自分が「やりたい」と思ったら、楽しくやりな。

ちなみに、「楽しく」とは、外から見ても「楽しそう」というのがわかる状態。
だから、部屋をお掃除するときに、眉間にシワを寄せてしかめっ面をしてやってたら、全然、楽しそうに見えない。

やっぱり、いらないモノを一つ捨てるたびに「これでよくなる」とか、「ますます、運勢がよくなる」とか思いながらやっていくとか。そうすると、勝手に顔がほほ笑んで、より楽しくなります。

それから、無理していっぺんに全部捨てようとしなくていいんですよ。親の仇でもうつ、みたいな、鬼のような顔になっちゃいますんでね。

ちょっとずつ捨てることを続けていけばいい。

何か一つ捨てはじめた時点で、あなたの運勢は間違いなく、いい方向に向かいだすし、五、六カ月ぐらい続けていけば、全部いらないモノがなくなります。

だから、「ちょっとずつ捨てる」も、楽しくやるコツの一つ。

楽しくやるのが大事なんだから、自分の部屋をぐるっと見て「あの押し入れのなか、気になるなァ」と思ったときに、押し入れのなかにあるモノを捨てられないでいる自分に自分でダメ出ししちゃいけませんよ。

そして、他人《ひと》にもダメ出ししないこと。

おもしろいのですが、【一人さん流・開運片づけ術】をはじめると、すごく他人の部屋やモノが気になりだすのです。いままでは全然気にならなかったのに。

それで、「捨てろ」とか注意したり、自分がやってあげたりするのだけど。

【一人さん流・開運片づけ術】は、ある意味、各個人、一人ひとりが自分の感性を研ぎ澄ませるレッスン、修行、みたいなものです。それを、他人のをやってあげたら、その人のためにならない。

それから、あなたがひと言、誰かに注意したら、その人が本当は「捨てたい」と思っていたモノでも、脳のスイッチがカチっと入って、執着して捨てなくなっちゃう。だから、逆効果です。

あとね、ここがいちばん肝心なところなんですけど。

他人のが気になるときは必ず、自分のなかで片づけきれてないものがある。

だから、他人をかまう前に、自分が自分のことをやり切るのが大事です。

余談ですが、これって、天国言葉でも同じことがいえるんですね。

ウチの旦那、斎藤一人さんという人の本を読んだり、ボランティアCDを聞いたりして急に悟りを開いたようになっちゃって、「天国言葉をいわなきゃダメだ」とか、「いつも明るく楽しくしてなきゃダメなんだ」とか知ったかぶっちゃって。自分だってついこないだまで、ずっと機嫌悪くしてたクセに――という話がよくあるんです（笑）。

一人さんが教えてくれてることは〝いいこと〟。

だから、自分でも〝いいこと〟を教えてるつもり。

ところが、周りの人はそうは思っていない。「上から目線でエラそうな顔で、説教されちゃってさぁ」とかって（笑）。

これじゃあ、相手は意地でも天国言葉を「いいたくない！」なんです。無理にやらせたとしても、あなたのことを「イヤな人」と思ったうえに、途中でやめちゃう。

それって、くたびれもうけじゃない？

それ以前に、「おまえ、天国言葉いわなきゃダメだっていってんだろっ！」とか、「わたしは明るく天国言葉をしゃべっているのに、ウチの職場の人たちが暗くって」って、それ地獄言葉。

周りの人をイヤな気分にさせてるのだから。あなた、天国言葉いってませんよ（笑）。

あなたが「天国言葉っていいな」「天国言葉を話したいな」と思ったのだから、あなただけ、話していればいい。

この本を読んで「いらないモノを捨てて、部屋をキレイにしたい」と思ったら、あなたは自分がいるところをキレイにすればいい。

それを、楽しくて楽しくてしょうがない、というカンジでやっていると、必ず奇跡が起きます。

次第に、周りがあなたに同調する。

ちなみに、この現象を一人さんは「上気元《じょうきげん》の魔法」といっています（一人さんは「上機嫌」を「上気元」と書きます）。

だから、相手に変わってもらいたいと思ったら、まず自分がやり切る。

そして、相手が同調してやりだしたら、ほめてあげればいい――わたしは、常に自分自身に対して、そういって聞かせています。

義理と人情、ハカリにかけりゃ……

わたしは昔からおしゃれが大好きです。

単純に、自分が「これ、いいな」「欲しいな」と思えば、ブランドの洋服も買うけれど、最近はシマラーになることも結構多いですね。

シマラーって、あのしまむらファッションでばっちりキメてる人。

そうそう、最新のトレンドを取り入れた洋服やアクセサリーとか、いろんなアイテムを提供している、あの『しまむら』ですよ。そこで気に入ったのを買って、おしゃれを楽しんでいるのだけど。

自分が気に入って買ったのに、実際に着てみると、しょっちゅう着てる服と、一回ぐらいしか着ない服が出てくるんです。

さいわい、ウチの会社の人たちが、わたしのファッションに興味をもっていてマネしてくれたりするので、あまり着ない服は早めにウチの会社の人たちにあげるようにしてます。

あげるときに、わたしがウチの人たちにいうのは、「わたしからもらったからって、とっておく必要はないよ。着なくなったらさっさと処分してね」って。

なぜかというと、洋服って流行りすたりがあるから、時期がきたら着なくなる、処分しなきゃいけない時期がくる。

そのときに、服をもらってくれた人たちが「でも、これ、もらったヤツだしなぁ」とか思って、心を重たくさせるのがイヤなんです。

今の、わかりづらいかしら。もっとわかりやすい例で説明しましょうか。


たとえば、あなたがお友だちとどこか旅行に行ったり、パーティにお出かけしたとき、お友だちが記念に写真をとってくれて、それをあなたにプレゼントしてくれることがありますね。

プレゼントされた時点ではうれしいけど、後で、写真がたまってきたとき、ちょっと困りません？

「どうしよう、あの人がとってくれた写真だしなぁ」とか。

「みんなが映ってる写真だしなぁ、どうしよう」って。

その気持ちが、実はマイナス波動なんです。自分の心を重くしてる、浮遊霊と同じ陰の波動を出してる。

わたしは、わたしの洋服をもらった人がそうなるのが、イヤ。

かつて自分も「これ、もらったヤツだしなぁ」とか思ったりしたことがあるから、他の人にもそういう気持ちにさせたくない。

とくに自分が大好きな人、あこがれの人、尊敬してる人からもらったモノだと、なおさら捨てづらいから、「ずっととっておかないで、テキトーな時期に捨てるのよ」といわないといけないな、って思ってやってるんですけど。

元々、一人さんが、わたしや他の一人さん仲間とか、みんなに、そういう気配りをする人なんですね。

贈る側の心――あなたの笑う顔が見たい

真心のこもったプレゼントをいただくと、うれしいですよね。

贈ってくれた人の心、気持ちがありがたい、大切にしたい――みなさん、そんな気持ちになると思います。

それ、よくわかります。わたしも共感します。

ただ、みなさんと大きく違う点が、わたしをはじめ、一人さんや一人さん仲間にはある。


贈り主の心は大切にして、モノはスルーする。

みなさんの場合、「贈り主の気持ち、心を大切にしたいから」といって、もらったモノを、ずぅーっと、いつまでもとっておきますね。

捨てなきゃいけない時期になっても、「これ、手づくりだしなぁ」とか、「あの人が自分のために買ってくれたモノだしなぁ」とか思って、とっておく。

それ、贈り主の心とモノがいっしょ、混同しちゃってます。心とモノは別モノ。だから、区別したほうがいいと思う。

ちゃんと区別してモノはスルー、つまり、時期を見て捨てるなりリサイクルに出すなり、処分する。

そうしたほうが、贈り主にとっていいし、もちろん、自分にとっても〝いいこと〟なんだ、っていう考えなんです、わたしたち。

だって、贈り主は、自分の贈ったモノが、受けとった側に「これ、手づくりだしなぁ」とか、「自分のために買ってくれたモノだしなぁ」とか思わせて重たくさせよう、なんてつもりは、ひとっつもないんですもの。

向こうは「受けとる人が笑った顔が見たい」とか、「喜んでる声を聞きたい」とか、そのつもりでプレゼントしてるのであって。

だから、わたしたちは、誰かに何かをプレゼントされたら、笑顔で「うれしいわ、ありがとうございます」っていただくんです。

時期がきたら、ちゃんと、いただいたモノに「ありがとう」といって処分します。

そしたら、こちら受けとった側は重い気持ちにならない。

こういうことが、贈り主の心を大事にすることなんだと、わたしたちは思っております。

わたしたちの考え方、やり方が間違ってるとか、正しいとかの判断はみなさんにお任せします。

一度、捨ててみて、どっちがいいか、どっちが贈り主を苦しめるか、よく見て、よく考えてみてください。

シャネルと「捨てる」

みなさんも、よくご存知の高級ブランド『シャネル』を創った、ココ・シャネル。

彼女は、長い間、女性たちの身体を締めつけてきたコルセットを取り払った、新しいファッションを世に送り出し、女性たちの心を解放しました。

わたしがこんなことをいうのもなんですが、われらが一人さんも、いろんなことで、たくさんの人の心を解放していると思う。

はなゑちゃん、ちょっといいかい。

ほとんどの人間はね、魂がしばられてるの。

いらないモノなのに、「捨てちゃいけない」とか、「とっておかなきゃいけない」とか、現実とあわない、おかしな考えにしばられて苦しんでる。

そのシバリをとってやりたいな、って、思っちゃうんだよね、オレ。単純に、そう思っちゃうような性格の人なんだよ、一人さんって（笑）。

それで、シバリが解ければ解けていくほど、人って、ちゃんとモノが見えてくるの。

判断も間違わなくなる。

そしたら、どんどん運勢もよくなって、しあわせになっていくんだよね。

【一人さん流・開運片づけ術】にしたって、それをやると、いらないモノを捨てたと同時に心がふぁっと軽くなって、最高に気分がいい。

それでね、捨てて、「あぁ〜気分がいいな♪」ってときに、わたし、気づいたんです。

知らず知らずのうちに、自分はしばられてたな、って。

モノに対する〝思い〟、ある種の執着。

「もったいない」とか、「捨てちゃいけない」とか、今の時代にそぐわない観念。

それから、不穏な空気というか、何ともいえない、あの「モワァン」っていうやつ。

いろんなもので自分をしばってたんだな、というのが不思議なぐらい、しみじみと、わかってきました。


だから、はなゑちゃん。

オレたち人間の心、みんなのなかにいる魂は、本当は何でもわかってるんだ。

いらないモノとか、使わないモノとかも、魂はわかってるの。


必要なモノを手にもったときワクワクする、というのも、魂が必要なモノを知っているからワクワクする。

逆に、いらないモノを手にとったときはワクワクしないんです。

そして、一人さんによると、必要のないモノをとっておく、いらないモノを整理整頓して片づける、それはまったくの無駄な努力だ、ということを魂は知っている。

だから人は、「片づけるの、なんかイヤだな～」と思うし、魂がイヤがることを無理してやるからくたびれる。


はなゑちゃんは、オレと会ったとき、モノを捨てられなかったんだよ。

ほとんどの人はモノを捨てることに対して罪悪感をもったりするんだけど、あれって、子どものときから「モノは大切にしましょう」とか「もったいない」とか、モノを捨てちゃいけないような教育を受けてきたからなんだよね。

だけど、そういうのはもう今の時代にあってないよね。そういうことも、みんなの魂は知ってるの。

だから、いらないモノを捨てだしたときに、全然くたびれなくて、気持ちいい。

それって、魂が喜んでるんだよ。

魂が願ってることをやったから気持ちよくなったんだよね、って。

そうだよね、はなゑちゃん。

だから、魂が嫌がること、魂をいじめるのはもうよそうよ、っていう提案だな。

それの提案をやっていくと、賛同してくれた人はしあわせになるし、提案したはなゑちゃんもみんなに喜ばれて、しあわせなんだよね。

「自分が大切」という気づきと、豊かな暮らし

一人さんは昔から、「まず、自分がしあわせになりな」って。それから、「自分を大切にしなよ」っていいます。

何か、みんな、カン違いしててね。
あんまり自分のことをかまわないで、他人のことをかまってばかりいる人のことをエライと思うけど、自分ができないことを他人にできるワケがないんだよ。
人って、自分のこともちゃんとかまってるから、他人をかまってあげられる。
自分のことを大事にしてるから、他人も大事にできるんだよ。

それと、もう一つ大事なことは、他人が自分をどう扱うかは、自分が自分をどう扱うかにかかってるんですね。

つまり、自分を大切にしない人は、他人から大切にされない。

逆に、自分を大切にする人は、他人から大切にされる。

だから、わたしはウチの会社のスタッフだったり、縁のある人に、よく「自分を大切にするんだよ」っていいます。

そうすると、みんなは明るく「はい！」という、「わたしは自分を大切にします」って。なのに、なのに。

新鮮な驚き、そして、ショック——みんなの家には桐箱みたいのに入った、いい器があるのにもかかわらず、「自分たちが使うのはもったいない」といって使わない。

さらにさらに、「自分が使うんだから、これでもいいの」といって、ちょっと欠けた器とか、ピッとヒビが入ってる器を使ってる。

あなたも、そうじゃないですか？　身に覚えがあるでしょ。

でも、あなたは大切な人に欠けた器、ヒビがピッと入った器を出します？

大切な人にそんな失礼なことしない、出しませんよね。

ということは、あなた、自分のことを大切だと思っていない、自分を大切にしていない。それ、ダメじゃん（笑）。

自分を、もっと大切にしなきゃ――ってことに気づいたら、さらにまた家のなかのゴミが見えてくる。

「欠けた器は捨てなきゃ」「ヒビ割れたのも捨てなきゃ」とか。せっかくの、いい器を、箱にしまったまま、じゃなく、「自分たちが使おう」とかね。

器一個の話に留まらず、他にも、いろんなところに派生していきますね。

いままでは、自分の家に遊びにきたお友だちに貸さないような、ヨレたTシャツをいつも着てた自分。

でも、それって自分を大切にしてないな――と気づいて、「じゃあ、もうちょっと〝いいモノ〟を着ようか」とか。

それから、いままでは、買ってきたおそうざいをそのまま食卓に出して食べてたけど、大切な人に食べてもらうときは食品トレーにのせたまま出したりしないよな、って。

大切な人には、やっぱり、ちゃんといい器にもりつけたりして出す。じゃあ、自分だって大切だから、そうしよう——というふうになっていく。そうやって、大切な人には出さないものばっかりで、自分が生活していたことがわかってきて、それを一個一個、やめていく。

豊かな生活というのはそうやってなるものだと、わたしは思う。

パワーストーンといったって、石には念が……

昔、一人さんから聞いた、石にまつわる、おもしろエピソードがあるんです。

だいぶん前、もう三〇年ぐらい前だったかしら。女の人たち、五人ぐらいで、ある場所で石垣を見ていたら、なかに一個だけ、人間の顔をしている石があったんですって。

そしたら、その女性グループの一人がその石をさすって、「あぁ、かわいそ、かわいそ」といったら、石のほうは人間の顔に見えなくなった。だけど、石をさすった女の人の顔がね、石みたいな顔に（笑）。

こわい顔になっちゃった。

「かわいそ、かわいそ」って同情しちゃったから、石に入ってた霊が女の人のほうへ移っちゃったんです。

それで、三日ぐらいしたら「言動がどうもおかしい」という相談が一人さんのところへきて、一人さんがその女の人についた霊を成仏させたという。


霊がくっついても、本当はとる必要ないんだけどさ。だってさ、天国言葉をいったり、楽しいことを話して笑っていれば、ついてたのが自然ととれちゃうんだもん。

だけど、とってあげる必要がある人って、いるんだよな。

それで、浮遊霊とかって、いたるところにいるの。

確かに、みなさんが「まさか、こんなところに！」ってビックリするようなところにいます、います。

たとえば、水晶であるとか、いろんな石を部屋のインテリアとして飾っている方がいらっしゃいますよね。

それ、要注意。

水晶とか、石って、人の念が入りやすい。そのうえに、石を採掘している方たちの多くは、難民であるとか過酷な状況におかれた方たちだから、つらい思いや悲しい思いとか、プラスじゃない思いが、石に入ってしまう。

そんな石を部屋のインテリアとして飾っていると、石から波動が出て、そこにいる人もそういう気持ちになりやすいのです。

だから、わたしたち一人さん仲間は、水晶とか石を部屋に飾ることはおろか、気軽にホイホイ、自分で勝手に買ったりしません。

「えー、水晶を買って、部屋に飾ってる、どうしよう」という方、もし、いらっしゃいましたら、その石を一回、水道の水でその波動を洗い流してください。

そのときは、「キレイに流れる」イメージをします。

そうすると、その石に入っていた念も波動も流れてしまいますから、ぜひ、やってみてください。

もちろん、アクセサリーを買ったときも、同様の方法で洗い流してください。

そうしたら、さらに、清浄な波動に入れ替えをしてもらうのですが。

こういうことって、本来は、ボランティアでやるものだよね——というのが、一人さんの考えで、ポリシー。

われら一人さん仲間も、一人さんのポリシーに共感共鳴をしているので、ボランティアじゃないところにはゼッタイに行かない。

それ以前に、波動を入れ替える方法を一人さんから伝授してもらっているので自分たちでやっちゃう。

人から頼まれてボランティアでやらせていただくこともあるし。

この、一人さん仲間の輪が、いま少しずつ全国に広がってます。

最寄りの斎藤一人塾を訪ねるか、もしくは〇一二〇-四九七《よくなる》-二八五《つやこ》に電話をして、お問い合わせください。ボランティアで波動を入れ替えたり浄霊する仲間をご紹介させていただきます。

どんなに暗い場所でも、お日さまが出れば明るい

ホントに、おかしな霊が寄りやすい場所があるんだな、って。

最近あらためて思ったのだけど。

なぜかというと、近所の駅でここ数カ月の間に、飛び込み自殺が何件か、続けてあったたんです。

こういうのって、そこで亡くなった人と同じように「つらいな」とか、「早く苦しみから逃れて、楽になりたい、死にたい」とかいう思いをしている、同じ波動の人がうっかり〝例の現場〟に行くと、ヒュって入られちゃったりして。

それで、そうなっちゃう。だから、遺書も書かないで死んじゃう人とかいるでしょ。あれはたいがい、霊作用が多いんですね。

なので、わたし、ヘンな霊がたまっていそうな場所へいって浄霊なんかをする

ときがあるんですけど。

みなさんは、こういう話を聞くことがあると思うんです。「お祓《はら》いでみなさんをお救いしているうちに、自分は具合が悪くなっちゃいました」とかいう話。

わたしはそういう話を聞くと、「ん？　おかしい」なんですね（笑）。

だって、わたしも一人さんや一人さん仲間といろんなところに行って、浄霊してるけど、浄霊したからって別に、全然、何ともないんですよね（笑）。

浮遊霊というのは、いつも明るくて元気な、陽の波動を出している人には何にもちょっかい出せないんです。だから、具合悪くならないし、何ともない。

ちょっと落ち着いて考えれば、上気元《じょうきげん》な幽霊っていないな、って。そんなの、誰だって、わかりますよね。

「うれしくって楽しくって、ボクちゃん、浮遊霊になっちゃったの〜」とかいう霊なんてゼッタイいないから（笑）。

元が暗くって不機嫌、死んでるように生きてた人が浮遊霊になるんですね。なので、楽しくて笑顔でいる人には、浮遊霊がすがることはあっても、悪さをする、なんてことはゼッタイにできない。

だから、一人さんもよくいうんです、「幽霊なんて、脅かすことしかできないんだ」って。

わたしなんて霊が見えないから、全然、怖くないんだけど（笑）。


あ、そうそう。これ、誤解してる方が多いので、いっておきますね。

「あ、あそこに霊がいる、怖い、怖い」という人は、霊に弱いんです。

だから、「自分は霊が見えるから、霊感がある」と思ってるけど、実は逆で、霊に弱いの。

もちろん、霊が見える人全員が霊に弱いワケではなく、マレにね、ウチのみっちゃんや恵美ちゃんみたいに、霊は見えるけど、いつも上気元で、しっかり生きてる。そういう、霊に強い人もいることはいます。

だけど、たいがいの人は、自分が死んだように生きてる。しっかり生きてないから、浮遊霊と波動が似てて（笑）。ふわふわ生きてるもんだから、すごく波長があっちゃって、何か見えたり聞こえたりして（笑）。

だけど、そういう人でも、考え方を変え、しっかりお肉とか食べて脳の栄養をとって、明るく、いつも機嫌のいい人になっちゃうと見えなくなったり、もう何ともなくなるんですね。


でも、機嫌よく生きるって、わたしたち全員に必要なことだと思います。

家のなかにあった、いらないモノを全部捨てて、部屋をキレイにしても、脳ってね、ほっとくと、もう勝手に不幸なこと考えちゃう。「そういうふうに、脳はできちゃってるんだ」って、一人さんがいうんです。

そしたら、そのマイナスの思いが部屋にたまってきちゃうから、上気元がくずれそうなときは「上気元、上気元……」って。

上気元という言霊《ことだま》の力を借りて、楽しいことを考えるのに脳をしっかり働かす。

それと、脳にしっかり働いてもらうには、脳の栄養というのが必要だから、ちゃんととる。

お肉とか、お魚や卵とかからタンパク質をとったり、サプリでとったりね。

そうやって、一人ひとり、明るくて機嫌がよければ、仕事もウマくいくし、家庭もウマくいくし、友だちやご近所の方、職場の人間関係もウマくいくし、人生すべてウマくいくんですね。

ところが、イライラしたり、不機嫌だったりすると、お店にくるお客さんとウマくいかない、家族とウマくいかない。学校で友だちとウマくいかない、会社で上司や同僚たちとウマくいかない。

つまり、不機嫌から人生がダメになっていく、っていいたいんです。

心を暗くして、まだ起きてもいないことに不安を感じて、「こうなっちゃうんじゃないか」「ああなっちゃうんじゃないか」とか心配して、その結果、小ぜりあいがはじまっちゃう。

戦争だって、いろんな犯罪だって、不機嫌な人が起こすんですよ。

だから、わたしたちは上気元で生きて、自分たちが太陽として生きて、この世の闇を消していこう——って、真剣に、そう思ってるんです。

自分が〝なりたい自分〟になるだけです

魂論とは、自分論。

わかるかい、はなゑちゃん。

要は、自分だけ、やり切ればいいの。

世間ができていようが、できていまいが、そんなこと、どうでもいいの。

親ができていようが、できていまいが、そんなこと知ったこっちゃない。

友だちができていようが、できていまいが、どうでもいい。

自分だけは、正しいことをやり続ける。

そうすると、奇跡が起きてくるの。


一人さんのすごいところって、自分の目の前に出てくる人、出てくる人にとって、ホントに役に立つことを話しているのに、人に強制をしない。

「オレは一人でもやるよ。みんなは自分の好きにしな」って。

その人がやりたくなるまで、一人さんは何もいわない。

それは、一人さんが「やりたい」とか、「やりたくない」とか、人の気持ちに重きを置いている人だから。


仕事でも何でもそうだけど、人が誰かに「やれ」といわれたり、「やらされてる」と感じたときにイヤな気分になる。

人に「これをやれ」と強要されたら、どんなに〝いいこと〟でもすべて、つらいものになっちゃう。でも、自分が「あ、そうだ。いいな、やってみよう」と思ったものは、全部が喜びなんです。

強要してやらせた場合、ちょっとウマくいかないことがあると、「あなたがやれっていったんじゃん」ってなっちゃう。でも、自発的に、自らがすすんでやったことは、ウマくいこうが、いくまいが、すべて自分の身になる。ウマくいかないことでも〝いいこと〟に転化していく。

もちろん、「自分の家族が部屋を汚くして運勢悪くしてるから、モノを捨てさせたい」っていう気持ち、わからなくはないです。

でも、スギの木を育てるのに、小さな芽を無理に引っ張ったら、芽が切れちゃう。やっぱり、スギの芽は、テキトーにお水をあげて、テキトーに陽に当って、やがてスギの木になっていくんであって。

人もそれと同じで、その人が好きな分だけ陽に当って、好きな分だけ水を吸収するのがいい。それを水浸しにしたり、ムリやり引っ張ったりしたら葉っぱ切れちゃうから、気長〜に、待つこと。

こういうことも、すべて一人さんの生きざまを見て、学んだことです。


だから、【一人さん流・開運片づけ術】は、まず自分がやる。

周りの人がどうだ、こうだ、そんなことはどうでもいい。

神さまは、あなたに「人のことをあーしろ、こーしろ」といってません。

まず自分がしあわせになりなさい。自分がしあわせになるようなことを、一所懸命、おやりなさい、って。

神さまはそういうお方だと、一人さんから聞いております。

ホントに、人って他人《ひと》のことは変えられない。

ウチの子、わたしがこんなに口酸っぱくしていってるのに、部屋の掃除をしなくて——子どもにかまうより、あなたが自分の部屋をキレイにしていればいい。

ウチの旦那、仕事から帰ってきてもブスっとした顔してエバってて、自分でぞうきんをしぼりもしない——って、旦那さんは旦那さんの都合で勝手に機嫌を悪くしてるので、あなたはあなたの都合で機嫌をよくしていればいい。

自分は自分の機嫌だけとっていればよくて、他人の機嫌をとっちゃいけない。

なぜって、他人の機嫌をとろうとした人間の機嫌が悪くなってくるから。

そしたら、向こうもこっちもダブルで機嫌悪くて、家の空気がすごいことになってきちゃいますからね。


ちなみに、わたしの場合、機嫌が悪い人がいても、徹底して、一人さん流の、人を変えようとしない、「どうでもいい」なんです。人の機嫌をとらない、それどころか気にしない（笑）。

それより、わたしは自分のメイクとか、自分がより魅力的に見えるファッションとかが気になる（笑）。だって、そっちのほうがすごく楽しいもの。

人って、自分がどんどん魅力的になっていくことに生きがいを感じるもので、それが楽しいことなんだと思う。

楽しいほうに目を向けていると、機嫌の悪い人にフリ回されないですむんです。

だから、わたしは「もっと自分がステキになるにはどうしたらいいだろう」「自分をもっとステキに」ってずっと考えていて、それ自体が楽しい。

楽しく生きていない人ほど、勝手に他人のことに口出して、イライラしたり怒って生きてますね。

だけど、それはそれで、その人にとって必要な修行だしね。

自分には自分の修行があって、自分に人を変える力なんてありません。

だから、わたしは、自分が〝なりたい自分〟になるだけです。
そうやって生きたほうが、自分の内もクリーンだし、部屋の波動もキレイさを保てるね。

そうやって自分が楽しいことを考えたり、やっていると、人のことはホントに気にならない。人のことを変えようとしないで、自分が一生懸命やっていると、相手も自然と変わってくる、いいことが山ほどくる。
そういうものです。

以上、ありがとうございます。

ここからは、われらが一人さんのお話です。

斎藤一人塾の総塾長さんに向けて、一人さんが語った総塾長さんしか聞けない、総塾長修行ＣＤのなかから、今回は特別に「一人さん流・開運かたづけ術」という話を、みなさんにも、お届けできることになりました。

※実際の講話をなるべく忠実に文章にしています。
　読みづらい部分はご了承ください。

コップ一杯の水とダイヤモンド

いま、会議が終わったんで、一〇分ばかし話をしまーす。

あの……。

一杯の水と、ダイヤモンドと、どちらが価値がありますか？　――っていう話なんだよね。

それで、「ダイヤ」と思う人もいれば、「一杯の水のほうが価値がある」っていう人もいるんだよね。

聞いてるか？

【柴村恵美子社長：はい、聞いてます。返事していいんですね】

うん。

で、おまえ、どっちが価値があると思う。

【柴村恵美子社長：ダイヤモンドです（笑）】

そう。なぁ、これはオレのお弟子さんだからなんだけど。

ほとんどの人は「水だ」っていうんだよ。聞いてみると、わかるけど。

そうすると、水がないと、たとえば、「砂漠のまんなかでダイヤモンドをもっててても水がないと、自分は生きられない」ていうんだよな。だから、「水のほうが価値がある」っていうんだよな。

わかるかい？

で、オレは、「正しい答えは、ダイヤモンドである」ってことをいってるんだよ。

なんでかっていうと。

日本に砂漠はないんだよ。

で、オレは外国には行かないんだよ。

ここなんだよ、問題は。いいかい。

「砂漠に行って水がなかったら……」って、おかしい

オレたちがサウジアラビアかなんかに、生まれたんなら別だけど。

オレたちが砂漠に行く、っていっても、観光かなんかで行って、砂漠の入り口ぐらいをウロウロして、行ったような気になってるんだよ。

誰もいない、もう、なんにもないところへ自分が行くなんてことは、考えられないのに、頭のなかで「砂漠に行ったら……」って、考えるのはおかしいんだよ。

ありもしないことを想像するから、ありもしない不安を創造するんだよ。それが、おかしいんだよ。わかるかい。


オレは別に、なんての？　ダイヤが欲しくていってんじゃないんだよ、ね。

この日本て国で、ダイヤモンド一個あったら、水なんか、コップ一杯の水どこ

ろか、プール一杯だって、簡単に手に入るのに。

近所にいって「水、ください」とか、「水、飲ましてください」って、飲ましてくれるよ。

日本って水が豊富なんだよ。

で、こんなに水の豊富な国に生まれてるのにもかかわらず、一杯のお水と、ダイヤモンドと、どちらが貴重だと思います、っていったとき、頭で「砂漠に行って水がなかったら……」っていうのは、おかしいんだ——っていうことを基本的にわかんないと、人はしあわせになれないよ。

ありもしないこと、最悪のこと、最悪のこと、考えてたら、無尽にいろんなことが考えられんだよ。

わかるかい。

だから、そのことをしっかり覚えないとね。

いくら「上気元でいましょう」っていったって、頭のなかの構造が、ね。

「一杯の水のほうが大切だ」とかっていうことを考えてたら、おかしいんだよ。

で、それって、実は親の代から、の考えなの。

あのな、「ギャーの法則」っていって……

要するに、脳がそう思うのは、脳のなかにそのことがインプットされてんだよ。わかるかな。


「ギャーの法則」っていって。

ゴキブリを見て「ギャー」っていう人は、必ず身内にゴキブリを嫌いな人がいるんだよ。

一番最初に「ギャー」っていわれたのが、頭のなかに入っちゃってっから、ね。

大人ってのは、スゴイもんだと思ってるんだよ。子どもにとって大信頼なんだよ。

その信頼してる親が「うわぁー」っていったんだから、たいへんなことが起きたと思って、脳にそれが入るんだよ。

わかるかい。

ね、だから、家族じゅうが、ゴキブリが出てくるとパーンとはたいて、殺しちゃってるような家だと（笑）、ただの虫が出てきただけなんだよ。

わかるかい。

ところが、「ギャー」を最初に聞いちゃうと、それが脳に入っちゃってんだよ。

ってことはね、日本人の頭のなかの、ほとんどに、ありもしない不幸を呼びだすことが、インプットされてんだ、親の代からそうなんだ、っていってんの、ね。

おそわりもしてないことが出てくるワケがないんだよ。

わかるかな。

そのことを止めないと、いくら「上気元でいきましょう」っていっても、上気元になれないのは心配ごとが多いからだよな。

で、その心配ごとがどのぐらい無駄ですか、っていうと、あなたの基本になってんのは、ダイヤモンドと水、比べたときに、「お水」って、この水の豊富な国にいながら、ね。アラビアの砂漠のまんなかにいることを考えるんだよね。

わかるかい。

で、それを止めないとダメだよ、って。


栄養が足んないんだったら、落ち着いてサプリメントを飲めばいいんだよな。

わかるかい。

あのね、東京から大阪まで新幹線でたった何時間で行っちゃうんだよ。ね。

で、「電車もなにもなくなったら」って、なくならないんだよ。

この世のなかって、いったんできたもんって、なくならないの。

一時期、一瞬だけな、電車が止まることはあるんだよ。新幹線がなくなるとか、そういうことはないんだよ。

で、ありえないことを心配してたら、人はしあわせにはなれないよ、ね。

だから、ちゃんとな、体はサプリメントとるんだよ。

年に一回、草履をはくために

それから、最近一所懸命、話してんだけど。

家のなか、掃除しなきゃダメなんだよ。

で、あのな、整理ができない人ってのは、「整理をしよう」と思うからなんだよ。

捨てなきゃいけないんだよ。

いいかい。

迷ったら、捨てるんだよ。

で、捨てられない人の原理ってのは、「これはまだ使える」要するに、「もし万が一、使うことになったらどうしよう」と思うんだよ。

それ、「砂漠の一杯の水」と同じなんだよ。

いま使わないものは、ずっと使わないんだよ。


でな、よく、使えるものを捨てたら「もったいない」っていうんだよ。

それは、あの、アフリカのなんとかいう女性がいったんだよな。日本には「もったいない」という言葉があった――って。

明治、大正の頃、ものがなかったんだよ。

わかるかい。

ところが今、ものが余っちゃって、使わないものが部屋を占領してんだよ。

使わないもののために、狭苦しいとこに生きてるんだよ。

昔ね、ウチのお袋がね、なんでも、とっとくんだよ。

で、「おまえ、これ、とっといて」「とっといて」って、それのために、ひと部屋借りてたんだよ。それが六万円するんだよ、ね。で、年間七〇万。

で、一年に一回ぐらい、「あそこのなかから、おまえ、サンダル探してきて」とかって。

それ、探すには全部、出さなきゃなんない。サンダルって、草履ね、着物の草履。

「頼むから捨てちゃって、買ってやっから」って。

七〇万の草履とか、見たことないからオレ（笑）。

ホントにね、部屋ってね。

部屋とは、人間の気を養うとこなんだよ、自分の気持ちを充電するとこなんだよ。

ところが、そこに、使わないものやなんかが置いてあると、そこから無駄な波動が出て、その人が疲れるんだよ。

だから、うつだろうが、ノイローゼだろうが、自殺者だろうが、家が整理されている家はゼッタイに、ないんだよ。

それは、外で疲れて、家に帰ってきて、エネルギーをとられる状態になっちゃってんだよ。

わかるかい。


でもって、迷ったら捨てるの。

わかるかい。

それで、持ったときに、ワクワクするものは使うんだよ。

ワクワクしないものは使わないんだよ。

それで、無駄なものが多い人は、社会でも自分にとって無駄な人間とか、無駄なものに囲まれて生きてんだよ。

だから人生がダメになっちゃうんだよ。

それから、古い新聞紙が置いてあるとか、本が置いてあるとか、ね。

で、本も、よほど大切な本以外は、一回読んだ本は読まないの。

で、もう一回読みたかったら、また買う。

いらないものを捨てだすとお金がたまるんだよ

あのね、テレビでもなんでも、貧乏な人の家を表すのには荷物が多いの。

で、金持ちの家は荷物が少ないの。

わかるかい。

テレビでもなんでも見てみな。ゴチャゴチャ、ゴチャゴチャ、いっぱいある家は貧乏人の家って、決まってんだよ（笑）。

それで、古い荷物とか、使わないもの。

この前、とん子姉さんに会ったらね、押し入れに詰め込んであるらしいの。その部屋で寝るとすごい、疲れて、朝、目が覚めないんだ（笑）。疲れてしょうがない、って。

そこから、波動が出るの。

そのなかから、いらないものを捨てるの。

そうすると、八割がた、いらないものなの。

それで、いらないものを捨てだすと、必要なものしか、人は買わなくなるからお金がたまるんだよ。

使いもしないものを、とっとくような人間はもう、ホントにお金ないんだよ。無駄なんだよ、考えてることが。

わかるかい。

で、ものが捨てられない、てのは、「いつか使うんじゃないか」って。

いつか使うときに買いな。

その、「いつか、使うんじゃないか」「使うんじゃないか」っていうんで、運勢を悪くしてたらもったいないよ。

で、片づけようと思っちゃダメだよ。

捨てるの。

片づけるとは、捨てるの。

なぜかっていうと、いらないものが山ほどあって、片づきようがないんだよ。

ホントにいるものだけ。


この前も、あの、おかあさんがなんか、亡くなっちゃって、着物がずいぶんある、っていうんだよね。残ってんのは、男兄弟しかいないの。

あのね、「記念に一着だけとっとこう」とかいうならいいの。

着ないものはとっといちゃいけないの。

で、あの、「いつか誰かにあげよう」と思っちゃダメだよ。

それは、もののないときだよ。

今は新品が安く変えるのに、人のお古を着たがる人とか、いないんだよ。


あの、はなゑちゃんとかさ、恵美子さんみたいのは、特殊なの。

「社長の持ってるもんなら持ちたい」っていうんならいいよ。

だけど、ふつうの人はそうじゃないよ。

いま、あの、被災地あるでしょ。被災地でも古いもの、もう、いらないで、余っちゃってんの。

なぜかっていうと、シマムラやなんか開店したら、自分の好きなの、着たいんだよ、いま。

それはね、波かぶっちゃって着るもんがないなら、うれしいよ。今は、ああいう非常時じゃないんだよ。

千年に一回ぐらいしかない、大震災だからね。わかった？

千年とっとくわけにはいかないんだよ。

わかるかい。


それで、そういうところから悪い波動が出ると同時に、そこに悪い霊がたまるんだよ、ね。


この前もね、子どもが登校拒否して、頭おかしくなってきて、いろんなこといい出して、って。

その子ども部屋の隣に山ほどね、あの「物置き」と呼んでるけれど、ガラクタが積んであるの。

そのガラクタから悪い波動が出るんだよ。
だから、脳がおかしくなってくるぞ、って。
家のなかが、もめる。
人間関係が、もめる。
いろんなもめごとがある。
人間関係がもめるときは必ず、家がゴチャゴチャなんだよ。
で、「整理しよう」とか、「片づけよう」とかじゃないの。捨てるの。

これから買い物を気をつけるんじゃない いま、あるものなんだ

買うより、捨てるほうが、実はエネルギーがいるんだよ。だから、たまっちゃ

うんだよ。

で、それをちゃんと捨てだしたとき、無駄なものは買わなくなって、ホントに必要なもの、いいものを買うようになってくる。

買い物はするんだよ。わかるかい。

ホントにいいもの、必要なものを買いだしてくると、必要なものに囲まれ、大切なお金も残るようになってくるんだよ。

で、これから買うものを気をつけるんじゃない。

いま、あるものなんだ。いま、あるものの波動で、あなたが動かされてんの。


よく、だから「人間はホコリじゃ死なない」っていうけど、死ぬんだよ。

運勢が悪くなるんだよ。

で、こんなことといっても、まぁ、みんな、わかんないだろうし、信じない人が山ほどいると思うけど。

運勢がうんと悪くなってきたり、ミョーな事故に遭ってみたり、いろんなイヤなことがいっぱい起き出したら、ね、「わたし、なんでついてるんだ」とか「ついてないんだ」とかいう前に、自分んちはゴミだらけじゃないだろうか、って。

使わないもの、イコール、ゴミなんだよ。
「まだ使える、まだ使える」って、使ってないだろ、って。
いいかい。
服でも、「買ってきても一回も着ないから、もったいない」っていうけど。
一回も着ないものは、その人にとっていらないものなの。
あげちゃうか、人に喜んでもらえないものだったら捨てるの。
心機一転、やりなおさないとダメだよ。
わかるかい。
だから、そのこともちゃんとやっていかないとね。

じゃないと、せっかくダイエット青汁飲んだりとか、いろんな、体にいいサプリメントとか、入れるじゃん。

それはいいんだよ。

だけど、あなたが休まるべき家が、あなたの波動を奪ってるようなとこだとしたら、それってすごくつらいし、損だよね。

だから、「もったいない」っていうんだったら、そのほうが、よっぽどもったいないよ。

いま必要なのはあなたが安らぐ空間と部屋

砂漠では、確かに一杯の水のほうが貴重だよ。

わかるかい。

だから、申し訳ないけど、アフリカみたいな発展途上国だったら着れる洋服が欲しいんだよ。

それ、アフリカだったら、砂漠だったら水が欲しいんだよ。

だけど、いまは日本にとって、いちばん必要なのはあなたが安らぐ部屋と空間。

わかるかい。


あのね、仏壇ってご先祖さまの住まいなんだよ。

そこにお土産だとか、買ってきたもん、いろいろ入れてあるけど、ゴチャゴチャさすとダメなんだよ。ご先祖が休まらないいんだよ。

それと家もまったく同じなんだよ。

オレが「仏壇、キレイにしな」っていったら、仏壇だけキレイにしてんだよ（笑）。

わかるかい。

あの、家のなかのヘンなもの、捨てないとダメだよ、って。

ゴミ屋敷に住んでる人は、周りが「ゴミ屋敷」って呼んでんのに、その人にとってゴミじゃないから捨てないんだよ（笑）。

だけど、近所から見ると、ゴミなんだよ。

あのね。

いまね、いろんな業者さんがいて、お手伝いさんだとか、お掃除、お金出すとやってくれる人がいるんだよ。

ただ、その人たちは捨てられないんだよ、人のものを勝手に捨てることはできないんだよ。

掃除の手伝いはできても、捨てることの判断って、自分しかできないんだよ。

わかるかい。

「いつか使うんじゃないか」って、砂漠の水と同じだよ

いろんなもの捨ててごらん。

ホントに八割がた、いらないものに囲まれてんの。

それが、あんたの人生なんだよ。

八割がたの運勢を悪くしてんのは、使いもしない、ガラクタなんだよ。

ガラクタに囲まれてる人生、送ってて、ね。

「運勢、よくしたいんです」「お金、残したいんです」って、いろんなこと、いうのはかまわないけど、無理だよ。

それで、「いつか使うんじゃないか」っていう、その考えって、ダイヤモンドと水の話と同じだよ。ありえないの。

もの余りのこの国に、次に欲しきゃ買えばいいの。

ウチのお袋の、着物の草履と同じでね。何年かに、年に一回ぐらい、「あれ、出してきて」って、出せないよ（笑）。片づけるだけでたいへんなんだから。部屋のどこに入ってるか、わかんないんだよ。

わかるかい。

ねぇ。だから、そういうことのないようにしないとね。

「もったいない」というのは、どっちが「もったいない」ですか？使いもしないもののせいで運勢悪くすることが「もったいない」と思うような、集団にしなきゃいけないよね。

わかるかい。

「ものを大切にしましょう」って、いい言葉だよ。だけど、あなたの住んでる空間も、あなたも大切にしてくださいよ。

ね、一回思いきってね、捨ててくださいよ。

そしたら、余分なものを買わなくなる。

なぜかっていうと、捨てるってね、エネルギーいるの。

それでね、必要のないものを、ひょいひょい買っちゃうのが、貧乏する人の特徴なんだよ。で、そういうところにまた浮遊霊がついてくるんだよ。

浮遊霊で、景気がよかったヤツとか、金持ちとか、いないんだから、ハハっ。

貧乏考えに貧乏……。

よく「貧乏神がとりつく」っていうけど、貧乏神って浮遊霊だよ。

浮遊霊が喜んでね、住みつくような家にしちゃ、ダメだよ。

信じられなかったら、ヒドイ目に遭ってからでもいいから捨てる（笑）

だから、いくら「上気元で行きましょう」っていっても、ね。

「砂漠に行ったら、水のほうが大切です」って、あなた、砂漠に行くんですか、って（笑）。

行ってから考えりゃ、いいじゃん（笑）。

ありもしないことばっかり考えてて、判断を曇らせることよりも、いらないものを捨てること。

これが一人さん流の、片づけ術なの。

で、それ、オレ、昔っからいってんの。

ホントに変な波動が出てくるんだよ。

で、病気にもなる。

運勢も悪くなる。

事故にも遭う。

それで、信じられなかったら、遭ってからでもいいから、掃除しよう（笑）。

で、掃除っていうより、捨てよう。

でね、捨てちゃえばキレイになるから、すでに（笑）。

【柴村恵美子社長：一人さんがいつもいってる、店にしても、家にしても「ゴミがたまる」ってやつですよね】

そういうことなの。お店でも何でも必ずね、ゴチャゴチャあるの。

「もったいない」の観念ていうのは、貧乏人のいってる「もったいない」ってい
う、使いもしないものをずぅーっと集めてる「もったいない」のと、ね。

自分の健康を考えてね、いらないものを置いてある場所のことも考えてね。そのほうが、よっぽど健康にいいんだよ。で、そういう考えの人のほうが、ものも残るし。

あの「もの」って、「いいものが残る」ってことだよ。

お金もたまるし、健康にもなるし。

【柴村恵美子社長：最終的に必要なものが残るってことですよね】

そうそう。

そうするとね、人間関係もすっきりするの。

だから、社会的にいろんなことが、もめごとが多いとか、いつももめごと起こしてる人の家、たいがいは、常にガラクタに囲まれてんの。だからね、ロクでもない問題が（笑）。

だから家のなかも社会も同じなんだよ。

で、そういう人ってね、脳も整理されてないの。

必要ないもの、とっておいてみたりね、脳が整理されてないんだよ。

一カ所、捨てだすだけでスッキリ

で、なにか、一カ所だけやれば、ものって捨て出すと、だいたい一軒の家で、捨てて捨てて、三カ月ぐらいかかるの。

ま、それは半年の人もいるよ。三カ月の人もいるけど、一カ所ずつね、一カ所、捨てだすとスッキリしてくるから、運勢よくなって、元気になっていくんだ。

明るくなってくるから。

気持ちいいから。

だから一カ所、捨てたら、もう、一カ所だけでも手つけたら、次に手つけずにいられなくなってくるの。

で、さわやかになるし、キレイになるしね。

わかるかい。


あのね、自殺する人、うつで出られない人、精神的になんかある人。

ともかくガラクタに囲まれてる。

そこから変な波動が出るのと同時に、必ずそこに浮遊霊がたまってんの。

だから、くら〜くて、どよ〜んってしてくるの。

【柴村恵美子社長：神さまがいないよねぇ】

あのね、神社って、どこの神社でもね、いい神社はキレイに掃除されてんだよ。

でね、地球上の生き物でね、こんなに自分の家やなんかキレイにするって、人間ぐらいなんだよ。ね。

人間ってね、キレイにしてるもんなんだよ。

「大家さんが汚くして」って、人のことかまっちゃダメ

それからね。

よくね、この前もお姉さんのとこに行ったら、お客さんで、

「わたしは部屋、キレイにしてんだけど、ウチの大家さんが、廊下やなんか、汚くしてんです」

っていうのね。

人のことを、かまっちゃダメだよ。

あのね、隣の家をキレイにしなさいとか、できないんだよ。

隣の人は隣の人の修行なの。

で、イヤだったら、最初っから住んじゃダメ。今度引っ越して廊下やなんか見

て、キレイなとこに住みな。

そこへ呼ばれて行った、っていうこと自体が、自分が平気だからそういうとこ、入っちゃったんだよ。

わかるかい。ね。

だから、「私はしてんだけど、息子が…」とかって、人のこといっちゃダメだよ。

自分がキレイにしだしたら、段々、段々、周りに影響が出てくるものなの。

で、人のこといってる人って、自分もできてない。


よく、「あたし天国言葉しゃべってんだけど、会社の人が地獄言葉で、ヤんなっちゃう」って、その「ヤんなっちゃう」ってこと自体が地獄言葉なんだ（笑）。

全然、できてないんだよ。ホントに（笑）。

だから、自分がまず、しっかりやること。

で、自分のことができない間、人のこと、かまっちゃダメだよ。

【柴村恵美子社長：いい話です】

えー、うん、ま、いい話です。

じゃあ、一応ね、今日の話はこれで終わります。

ひとりさんとお弟子さんたちのブログについて

斎藤一人オフィシャルブログ
(一人さんご本人がやっているブログです)
https://ameblo.jp/saitou-hitori-official

お弟子さんたちのブログ

柴村恵美子さんのブログ
https://ameblo.jp/tuiteru-emiko/

舛岡はなゑさんのブログ
【ふとどきふらちな女神さま】
https://ameblo.jp/tsuki-4978/
銀座まるかん オフィスはなゑのブログ
https://ameblo.jp/hitori-myoudai-hana/

みっちゃん先生ブログ
http://mitchansensei.jugem.jp/

宮本真由美さんのブログ
https://ameblo.jp/mm4900/

千葉純一さんのブログ
https://ameblo.jp/chiba4900/

遠藤忠夫さんのブログ
https://ameblo.jp/ukon-azuki/

宇野信行さんのブログ
https://ameblo.jp/nobuyuki4499

高津りえさんのブログ
http://blog.rie-hikari.com/

おがちゃんのブログ
https://ameblo.jp/mukarayu-ogata/

４９《よく》なる参りのすすめ

４９なる参りとは、指定した４カ所を９回お参りすることです。お参りできる時間は朝10時から夕方５時までです。

◎１カ所目……ひとりさんファンクラブ　五社参り
◎２カ所目……たかつりえカウンセリングルーム　千手観音参り
◎３カ所目……オフィスはなゑ　七福神参り
◎４カ所目……新小岩香取神社と玉垣参り
（玉垣とは神社の周りの垣のことです）

ひとりさんファンクラブで４９なる参りのカードと地図を無料でもらえます。お参りすると１カ所につきハンコを１つ押してもらえます（無料）。

※新小岩香取神社ではハンコはご用意していませんので、お参りが終わったらひとりさんファンクラブで「ひとり」のハンコを押してもらってくださいね!!

ひとりさんファンクラブ

住　所：〒124-0024　東京都葛飾区新小岩 1-54-5
ルミエール商店街アーケード内
営　業：朝10時〜夜7時まで。
年中無休電話：03-3654-4949

各地のひとりさんスポット

ひとりさん観音：瑞宝山　総林寺
住　所：北海道河東郡上士幌町字上士幌東4線247番地
電　話：01564-2-2523

ついてる鳥居：最上三十三観音第二番　山寺千手院
住　所：山形県山形市大字山寺4753
電　話：023-695-2845

観音様までの楽しいマップ

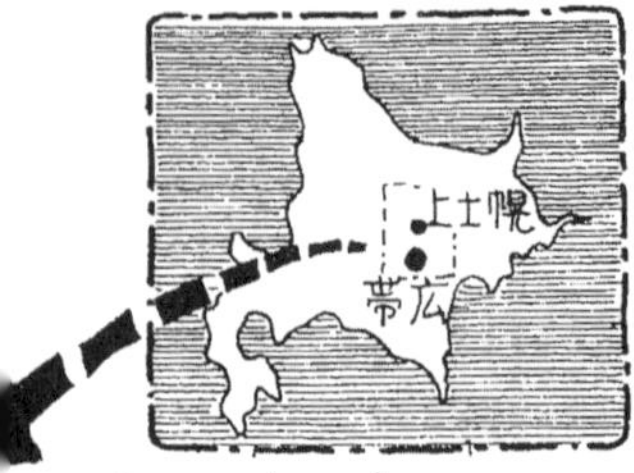

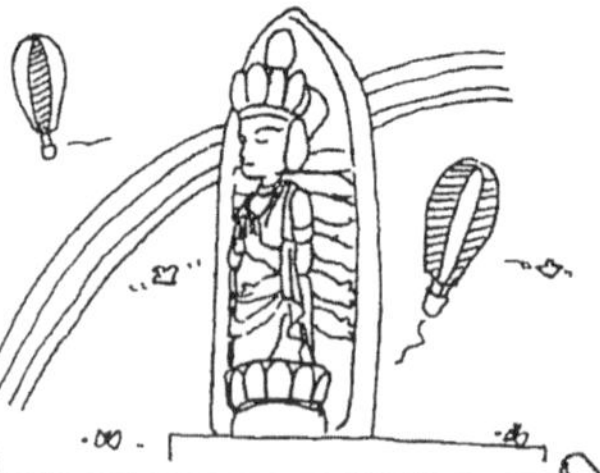

★ 観音様

ひとりさんの寄付により、夜になると
ライトアップして、観音様がオレンジ色
に浮かびあがり、幻想的です。
この観音様は、一人さんの弟子の1人
である柴村恵美子さんが建立しました。

③ 上士幌

上士幌町は柴村恵美子が生まれた町。
そしてバルーンの町で有名です。8月
上旬になると、全国からバルーンミスト
が大集合。様々な競技に腕を競い
合います。体験試乗もできます。
ひとりさんが安全に楽しく気球
に乗れるようにと願いを込めて
観音様の手に気球をのせています。

① 愛国←→幸福駅

『愛の国から幸福へ』この切符を
手にすると幸せを手にするといわれ
スゴイ人気です。ここでとれるじゃがいも
野菜・etcは幸せを呼ぶ食物かも!!
特にとうもろこしのとれる季節には、
もぎたてをその場で茹でて売っている
こともあり、あまりのおいしさに
幸せを感じちゃいます。

② 十勝ワイン（池田駅）

ひとりさんは、ワイン通といわれています
そのひとりさんが大好きな十勝ワイン
を売っている十勝ワイン城があります
★十勝はあずきが有名で『赤い宝石』
と呼ばれています。

④ ナイタイ高原

ナイタイ高原は、日本一広く大きい牧場
です。牛や馬、そして羊もたくさんいちゃうのヨ。
そこから見渡す景色は雄大で感動!!
の一言です。ひとりさんも好きなこの場所
は行ってみる価置あり。
牧場の一番てっぺんにはロッジがあり
ます(レストラン有)。そこで、ジンギスカン
焼肉・バーベキューをしながらビールを
飲むとオイシイヨ!!とってもハッピーになれ
ちゃいます。それにソフトクリームがメチャ
オイシイ。2ケはいけちゃいますヨ。

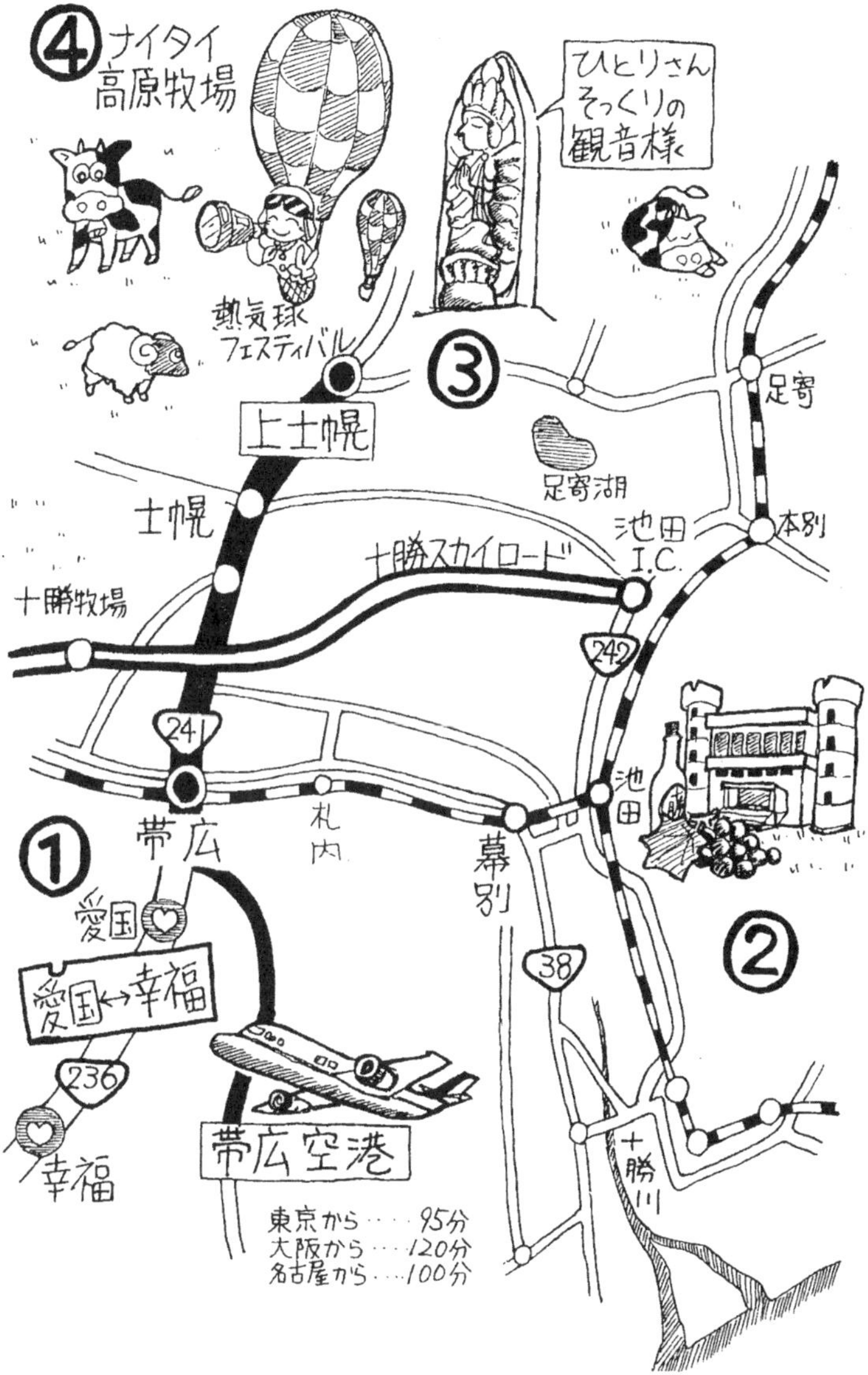

④ナイタイ高原牧場
熱気球フェスティバル
ひとりさんそっくりの観音様
③
上士幌
足寄
足寄湖
士幌
池田I.C.
本別
十勝スカイロード
十勝牧場
242
241
池田
帯広
札内
幕別
①
愛国
愛国↔幸福
236
幸福
38
②
十勝川
帯広空港
東京から……95分
大阪から……120分
名古屋から……100分

斎藤一人さんのプロフィール

東京都生まれ。実業家・著述家。ダイエット食品「スリムドカン」などのヒット商品で知られる化粧品・健康食品会社「銀座まるかん」の創設者。1993年以来、全国高額納税者番付12年間連続6位以内にランクインし、2003年には日本一になる。土地売買や株式公開などによる高額納税者が多い中、事業所得だけで多額の納税をしている人物として注目を集めた。高額納税者の発表が取りやめになった今でも、着実に業績を上げている。また、著述家としても「心の楽しさと経済的豊かさを両立させる」ための本を多数出版している。『変な人の書いた世の中のしくみ』『眼力』（ともにサンマーク出版）、『強運』『人生に成功したい人が読む本』（ともにPHP研究所）、『幸せの道』（ロングセラーズ）など著書は多数。

1993年分――第4位	1999年分――第5位
1994年分――第5位	2000年分――第5位
1995年分――第3位	2001年分――第6位
1996年分――第3位	2002年分――第2位
1997年分――第1位	2003年分――第1位
1998年分――第3位	2004年分――第4位

〈編集部注〉

読者の皆さまから、「一人さんの手がけた商品を取り扱いたいが、どこに資料請求していいかわかりません」という問合せが多数寄せられていますので、以下の資料請求先をお知らせしておきます。

フリーダイヤル 0120-497-285

本書は平成二四年五月に弊社で出版した
書籍を新書判として改訂したものです。

斎藤一人流
すべてうまくいく　そうじ力

著　者　舛岡はなゑ
発行者　真船美保子
発行所　KK ロングセラーズ
東京都新宿区高田馬場 2-1-2　〒 169-0075
電話（03）3204-5161（代）　振替 00120-7-145737
http://www.kklong.co.jp
印　刷　大日本印刷（株）
製　本　（株）難波製本

落丁・乱丁はお取り替えいたします。
※定価と発行日はカバーに表示してあります。
ISBN978-4-8454-5065-7　C0230　Printed In Japan 2018